O que os leitores estão dizendo sobre *Limites claros, distâncias necessárias*

"Este é o livro que eu gostaria que alguém tivesse me dado no início da minha jornada como seguidora de Jesus. Eu estava tão machucada emocionalmente por causa de experiências traumáticas do meu passado que não sabia como estabelecer limites saudáveis nem como encontrar uma forma de dizer adeus. Como resultado, experimentei rupturas de relacionamentos que causaram muita dor e poderiam ter sido evitadas aplicando a sabedoria conquistada com esforço e compartilhada nestas páginas. Em *Limites claros, distâncias necessárias*, Lysa revela princípios importantes e desfaz falácias destrutivas que ajudarão você a honrar a Deus e a prosperar na vida ao estabelecer limites saudáveis e abraçar despedidas necessárias."

— Christine Caine, fundadora da A21 e da Propel Women

"Em um mundo que fala muito sobre limites, Lysa nos guia com delicadeza para entendermos *por que* eles são fundamentais para os relacionamentos amorosos que desejamos viver, e nos mostra como aplicá-los de forma eficaz. Ao redefinir os limites de algo que pode parecer *restritivo* para algo que é verdadeiramente amoroso, este livro nos prepara para navegar pelos relacionamentos de maneira carinhosa, saudável e que honra a Deus. Se alguma vez você se sentiu presa entre a sensação de que as pessoas que mais ama estão se aproveitando de você e a sensação de que deve se afastar de algumas outras para evitar se machucar, *Limites claros, distâncias necessárias* oferece tanto a orientação prática quanto bíblica necessária para você agir com amor; estabelecendo limites saudáveis em vez de extremos."

— Jordan Lee Dooley, autora best-seller do Wall Street Journal

"Mais uma vez, Lysa faz o que sabe fazer melhor: guiar-nos com delicadeza por algo difícil e que exige decisões de todas nós: os limites nos relacionamentos. Se você for como eu, então sente medo e fica nervosa ao conversar sobre limites. Em *Limites claros, distâncias necessárias*, Lysa usa sua própria experiência como um estímulo para todas nós. Terminei a última página deste livro e chorei. Contudo, eram lágrimas de encorajamento e esperança para os relacionamentos que, tenho certeza, serão mais saudáveis após algumas conversas difíceis sobre limites. Obrigada, Lysa, por nos ajudar! Todas nós precisamos deste livro!"

— Jamie Ivey, autora best-seller e apresentadora do podcast The Happy Hour with Jamie Ivey.

"*Limites claros, distâncias necessárias* está repleto de verdades bíblicas e terapêuticas para ajudar você a navegar pelos relacionamentos mais complicados. Os limites não são apenas uma boa ideia; são uma ideia de Deus. Cremos que esta é a mensagem mais importante de Lysa até agora!"

— Sandra e Andy Stanley, ministros da comunidade North Point

"Para muitas pessoas, *limite* é uma palavra proibida. É algo com que muitas pessoas se sentem extremamente desconfortáveis de lidar, mas é exatamente aquilo de que tanto necessitamos para realmente termos sucesso nos relacionamentos. O que amo neste livro é que, embora a mensagem possa não ser a mais fácil de absorver, se você se desafiar a superar a pressão e a dor, é certo que *Limites claros, distâncias necessárias* será uma ferramenta de cura e restauração que ajudará você a fazer uma transformação real na sua vida."

— Michael Todd, autor best-seller nº 1 do New York Times e pastor líder da Transformation Church

"Lysa TerKeurst escreveu um livro que cura a parte mais profunda de um coração ferido. Ela nos entrega um manual sobre como viver em meio à tensão da dor ao mesmo tempo que nos oferece a promessa que parece ser o suspiro de alívio pelo qual estávamos esperando."

— Carlos Whittaker, autor de *How to Human* e apresentador do podcast *The* Human Hope

"A honestidade total com que Lysa escreve é impressionante e muito satisfatória... Ela oferece ótimos exemplos de relacionamentos tóxicos e como identificar os sinais. Além disso, fornece maneiras práticas de estabelecer limites... Este livro é transformador."

— Kimberly W.

"Durante muito tempo, acreditei na falácia de que estabelecer limites era algo que não combinava com os ensinamentos cristãos. A sabedoria de Lysa sobre esse tema foi uma revelação que mudou a minha perspectiva, uma oração respondida e um bálsamo curador para a alma."

— Lauren R.

"Escrito como se fosse o conselho de uma amiga sábia e amorosa que só quer o melhor para você, este livro me fez marcar algo em quase todas as páginas!... O tempo todo li partes dele em voz alta para mim mesma por achá-las profundas demais."

— Shanae G.

"Que presente é este livro! As palavras de Lysa estão impregnadas de incontáveis horas de estudo na Palavra de Deus, ponderadas com graça e misericórdia em experiências da vida real. Este livro mudou para melhor todas as falsas crenças que eu tinha sobre limites!"

— Melanie P.

"Lysa faz um trabalho incrível ao compartilhar suas experiências, lições e dores de maneira crua, vulnerável e sincera. Ler suas palavras me fez sentir vista e compreendida de uma forma que poucos autores conseguem fazer. Sou tão grata por ela ter se disposto a compartilhar sua vida, dores e alegrias conosco. Mal posso esperar para dar este livro às minhas amigas próximas, na esperança de que ele as ajude tanto quanto me ajudou."

— Amy H.

"As palavras de Lysa e sua perspectiva fundamentada na fé neste livro me ajudaram a cultivar limites na minha própria vida que eu nem sabia que precisava. Este encorajamento foi uma bênção e me capacitou a fortalecer alguns dos meus relacionamentos mais próximos".

— Hope H.

"Este livro é para a garota de coração aberto que precisa de orientação sobre quando dizer não, estabelecendo limites sem culpa e usando as palavras certas nos momentos difíceis. Lysa sempre me lembra de proteger o meu coração e de honrar verdadeiramente a Deus."

— Sanaz W.

LYSA TERKEURST

LIMITES CLAROS, DISTÂNCIAS NECESSÁRIAS

Ame os outros sem perder sua essência

Vida

Editora Vida
Rua Conde de Sarzedas, 246 — Liberdade
CEP 01512-070 — São Paulo, SP
Tel.: 0 xx 11 2618 7000
atendimento@editoravida.com.br
www.editoravida.com.br
@editora_vida /editoravida

LIMITES CLAROS, DISTÂNCIAS NECESSÁRIAS

Originalmente publicado nos EUA
com o título *Good boundaries and goodbyes : loving others without losing the best of who you are*

■

Exceto em caso de indicação em contrário, todas as citações bíblicas foram extraídas da *Nova Versão Internacional* (NVI)

Todas as citações bíblicas e de terceiros foram adaptadas segundo o Acordo Ortográfico da Língua Portuguesa, assinado em 1990, em vigor desde janeiro de 2009.

■

As opiniões expressas nesta obra refletem o ponto de vista de seus autores e não são necessariamente equivalentes às da Editora Vida ou de sua equipe editorial.

Os nomes das pessoas citadas na obra foram alterados nos casos em que poderia surgir alguma situação embaraçosa.

Todos os grifos são do autor, exceto os indicados.

Editora-chefe: Sarah Lucchini
Assistente editorial: Jaqueline Angelica
Tradução: Marsely Dantas
Revisão de tradução: Andrea Filatro
Revisão de provas: Paulo Peres
Coordenadora de design gráfico: Claudia Fatel Lino
Projeto gráfico e diagramação: Marcelo Alves de Souza
Capa: Lira Lira

1. edição: maio 2025

Dados Internacionais de Catalogação na Publicação (CIP)
(Câmara Brasileira do Livro, SP, Brasil)

TerKeurst, Lysa
Limites claros, distâncias necessárias : ame os outros sem perder sua essência / Lysa TerKeurst. -- São Paulo : Editora Vida, 2025.

ISBN 978-65-5584-685-0
e-ISBN 978-65-5584-684-3

1. Autoconhecimento 2. Crescimento pessoal 3. Deus (Cristianismo) 4. Fé 5. Mulheres - Aspectos religiosos - Cristianismo 6. Mulheres - Relacionamentos I. Título.

25-260759 CDD-270.082

Índice para catálogo sistemático:

1. Mulheres : Aspectos religiosos : Cristianismo 270.082
Eliete Marques da Silva - Bibliotecária - CRB-8/9380

Dedico esta mensagem à mulher corajosa que tomará algumas decisões difíceis, mas muito valentes, para sair do caos e caminhar em direção à saúde e à honestidade. Pensei em você enquanto escrevia cada palavra deste livro.

Lembre-se: quando você ama profundamente, pode se machucar profundamente. Contudo, isso não significa que você precisa temer a proximidade com todas as pessoas por ter se machucado no passado. Na verdade, isso mostra que você tem uma tremenda capacidade de amar os outros de forma genuína, pois ousou oferecer a alguém as profundezas mais ternas do seu coração. Não guarde o amor como se fosse um casaco velho que você não quer nunca mais usar. Os limites saudáveis podem ajudá-la a reconhecer o que foi desfeito para que você possa amar os outros sem perder o melhor de si mesma.

Nestas páginas estão milhares das minhas lágrimas que borraram a tinta enquanto eu prometia a Deus que, se ele me ajudasse a viver esta mensagem, eu a escreveria. E faria tudo o que fosse possível para colocar este livro nas suas mãos. É uma honra imensa encontrá-la aqui. Agora, vamos iniciar um novo começo juntas.

Sumário

Introdução

Não podemos estabelecer limites saudáveis sem amor

Olá! Há muitas coisas que quero escrever nestas primeiras pá-ginas para proporcionar o clima adequado para este livro. Gostaria de poder oferecer o seu café favorito, cobri-la com uma manta, deixar uma caixa de lenços sobre a mesa à nossa frente, escolher a trilha sonora perfeita enquanto colocamos em dia a nossa situação atual.

Eu preferiria falar sobre tudo isso face a face. Ou, pelo menos, escrever tudo para você em uma carta de próprio punho. Há um elemento profundamente humano que não quero que se perca nessas páginas em preto e branco e nas palavras digitadas no computador. Nós duas estamos recorrendo a este livro na nossa vida real, e estamos explorando o que funciona e o que não funciona nos relacionamentos que valorizamos.

Como os relacionamentos são muito orgânicos, eles se movem como a respiração nos nossos pulmões, expandindo-se com uma conexão profunda em um minuto e, no seguinte, atrofiando-se em um completo mal-entendido. Os relacionamentos são maravilhosos, cheios de amor e frustração, repletos de angústia e todas as coisas que os acompanham toda vez que tentamos aceitar outra pessoa.

Quando as pessoas que amamos se aproximam de nós, elas se aproximam também dos nossos problemas. E nos deparamos com os problemas delas também.

À medida que nos abrimos para os outros, quanto mais profundamente nos conectamos, mais vulneráveis nos tornamos. Quanto mais vulneráveis nos tornamos, mais expostos ficam os pontos sensíveis dentro de nós. Essa exposição é arriscada. Quando ousamos ser tão conhecidas pelo outro, corremos o risco de nos machucarmos demais. Quando ousamos ter esperança, corremos o risco de nos decepcionar. Quando ousamos ser generosas, corremos o risco de que as pessoas se aproveitem de nós. E, quando ousamos mudar de forma antinatural para atender as necessidades dos outros, corremos o risco de nos perder nesse processo.

Amar e ser amada é estar envolta no sentimento mais seguro que já conheci.

Causar dor e ser ferida é ser esmagado pelo sentimento mais assustador que já conheci.

Você e eu sabemos disso. De maneiras diferentes, com pessoas diferentes e em graus variados, conhecemos as complicações multifacetadas do amor e do desamor.

Sonhamos com o melhor, tememos o pior e continuamos tentando descobrir como nos relacionarmos de maneira adequada. Construímos a nossa vida em torno de quem amamos. E aqueles a quem amamos constroem a vida deles em torno de nós.

Rimos, nos conectamos, nos desconectamos, brigamos, nos reconciliamos, nos afastamos, voltamos a nos aproximar e pensamos em como temos sorte por estarmos com alguém, até que chega o dia em que enviamos ao nosso conselheiro o emoji de coração partido com a mensagem: "Preciso de ajuda agora... as coisas não estão correndo bem". Ou talvez usemos outras palavras e emojis que não podem ser registrados neste pequeno livro.

Nem tudo é mágico como as tramas dos filmes de Natal da Hallmark.[1]

---

1. Empresa norte-americana de cartões comemorativos. [N. do T.]

As pessoas nesses filmes parecem viver sob a bênção da previsibilidade, e tudo sempre dá certo de forma épica. Nunca há necessidade de limites porque não há dificuldades. Uma vez que a história segue um rumo positivo, ela permanece assim até os créditos finais.

Na semana passada, enviei uma mensagem para os meus amigos depois de assistir a vários desses filmes. Foi a minha tentativa de corrigir essas tramas pouco realistas.

Enviei o seguinte:

> **CENA DE ABERTURA:** Neve caindo suavemente sobre os moradores da cidade que sorriem e patinam sobre o gelo. Uma garota atende os clientes enquanto todos se divertem. Ela tem um chefe insensato e maldoso. Ela parece fora de si, como se estivesse procurando algo que está além de seu alcance. De repente, aparece um homem com uma guitarra, uma atitude arrogante e uma fama inusitada. E ele é um príncipe secreto de uma terra distante. Ela derrama água nele. Ele escreve uma canção para ela. Eles se apaixonam.
>
> **CENA FINAL:** Ela se torna uma princesa.

Mas, infelizmente, todos sabemos que isso não corresponde à realidade. A vida não tem ganchos tão organizados e perfeitos. Então, na realidade, o roteiro deveria ser assim:

> **CENA DE ABERTURA:** Mesmo cenário inicial, mas... ela derrama água no cara, ele surta, não deixa gorjeta, tenta fazer que a demitam, e ela vai para casa murmurando sobre como ele é um imbecil. Além disso, o castelo dele está em execução hipotecária e logo ele começa a trabalhar como garçom no mesmo restaurante. Ela acaba sendo promovida a gerente, torna-se independente e bem-sucedida, e estabelece limites para ele, que está se mostrando irresponsável ao fechar o caixa todas as noites. Então, ela faz algumas descobertas que a levam a demiti-lo porque ele está roubando o dinheiro da empresa.

> **CENA FINAL:** Ela compra o castelo e convida seus amigos para ajudá-la a entender o que deu errado com ele e como ele pôde roubá-la! Mas, depois da cena final, ela se questiona repetidas vezes e ainda deseja que as coisas tivessem sido diferentes.

Obviamente, a Hallmark não está ansiosa em me contratar como escritora tão cedo.

Mas eu estou ansiosa para pensar a respeito do que acredito há muito tempo ser a peça que está faltando na narrativa dos meus relacionamentos: *limites saudáveis*.

Nesse momento, quero olhar diretamente nos seus olhos e dizer algo muito importante. Este não é um livro sobre abandonar as pessoas. É um livro sobre amar as pessoas de maneira correta e saudável. E é sobre comunicar os limites e parâmetros apropriados para que o amor permaneça seguro e sustentável. Os limites não são pensados para afastar o amor. Muito pelo contrário. Estabelecemos limites para saber o que fazer quando queremos amar as pessoas que nos rodeiam de forma significativa, sem nos perder nesse processo. Os limites saudáveis nos ajudam a preservar o amor dentro de nós, mesmo quando alguns relacionamentos se tornam insustentáveis e devemos aceitar a realidade de um adeus.

Ao longo destas páginas, buscaremos examinar de forma honesta o que é e o que não é saudável não apenas dentro de nós, mas também nos relacionamentos em que mergulhamos de coração aberto. Às vezes, fica difícil saber o que é e o que não é saudável, então é importante buscar conselhos divinos e, em situações mais complexas, que incluem vícios e abusos, é preciso falar com alguém especificamente treinado para os temas em questão. (Por favor, veja “Obtendo a ajuda que de você precisa” na página 247.)

Afinal, a missão principal de Deus é que amemos a ele e às outras pessoas. E é exatamente isso o que Jesus ensinou e nos deu exemplo. “Um novo mandamento dou a vocês: Amem uns aos outros. Como eu os amei, vocês devem amar uns aos outros” (João 13.34).

Contudo, não podemos permitir comportamentos ruins em nós mesmas e nos outros e chamá-los de amor. Não podemos tolerar padrões destrutivos e chamá-los de amor.

E não podemos nos orgulhar de sermos leais e pacientes nos nossos relacionamentos quando, na verdade, isso perpetua violações do que Deus diz que é o amor. Por favor, ouça-me com atenção: o propósito deste livro não é rapidamente apontar problemas nos outros sem olhar honestamente para nós mesmas primeiro. Precisamos examinar as nossas motivações e a nossa forma de pensar.

Não podemos permitir comportamentos ruins e chamá-los de amor.

E esta não é uma mensagem que encoraja as pessoas a se divorciarem rapidamente, sem pensar muito bem no assunto, ou sem aconselhamento. Provérbios 15.22 nos lembra que há sabedoria nos muitos conselheiros. Esta também não é uma mensagem que incentiva as pessoas a abandonarem as outras apenas porque as coisas ficaram difíceis ou porque a outra pessoa está passando por uma fase difícil.

No entanto, também não precisamos balançar o pêndulo para o outro extremo com vista a permanecermos em um relacionamento destrutivo, tóxico ou abusivo a qualquer custo. (Veja "Algumas notas importantes sobre abuso" na página 249). Os limites, como você verá em breve, deveriam nos ajudar a evitar extremos e a viver mais perto do tipo de amor que Deus idealizou para os relacionamentos humanos.

O amor deve ser honesto. O amor deve ser seguro. O amor deve buscar o bem supremo de cada pessoa.

E o amor deve honrar a Deus para experimentar a plenitude e a liberdade da mais doce conexão entre dois seres humanos.

Na verdade, quando leio 1Coríntios 13.4-7, sou lembrada do propósito de Deus para a forma mais pura de amor. E assim que registro o que quero lembrar dessas escrituras:

> O amor não é desonroso.
> O amor não justifica o mal para permitir o egoísmo.
> O amor não celebra o mal.
> O amor exige a verdade.
> O amor leva à honra, à bondade e à compaixão.

Então, enquanto fazemos essa viagem, vamos nos lembrar do verdadeiro propósito dos limites saudáveis. Os limites protegem o tipo certo de amor e ajudam a evitar que a disfunção o destrua. Os limites nos ajudam a dizer o que precisa ser dito, a fazer o que precisa ser feito e a estabelecer o que é e o que não é aceitável. O amor deveria ser o que nos une, não o que nos separa.

E lembre-se: não podemos estabelecer limites saudáveis sem amor. Estabelecê-los a partir da raiva e da amargura só levará ao controle e à manipulação. Usá-los como um castigo só servirá para nos aprisionar. Contudo, estabelecer limites motivados pelo amor oferece uma oportunidade para que os relacionamentos cresçam e se aprofundem, pois a verdadeira conexão prospera na segurança da saúde e da honestidade.

Creio que o meu maior temor ao escrever este livro após um divórcio indesejado é que possa parecer que estou ansiosa para afastar as pessoas. Mas isso não é verdade. Estou mais ansiosa do que nunca para amar profundamente as pessoas na minha vida. E sei como pode ser destrutivo navegar pela devastação dos relacionamentos devido à falta de limites. Sei como é você se sentir paralisada pelas escolhas de pessoas que partem o seu coração repetidas vezes e não saber o que fazer a respeito. Conheço a frustração de dizer que algo precisa ser mudado e ao mesmo me sentir presa quando a outra pessoa não coopera com as mudanças necessárias. Então, embora alguns relacionamentos se tornem insustentáveis a ponto de ser necessário passar de um limite saudável diretamente para uma despedida, você não precisa se tornar alguém que jamais deveria ser.

O amor deveria
ser o que nos une,
não o que
nos separa.

Quando estamos feridas, os limites saudáveis e as despedidas necessárias nos ajudam a não ficarmos presas a um estado perpétuo de dor.

Quando estamos feridas, os limites saudáveis e as despedidas necessárias nos ajudam a não ficarmos presas a um estado perpétuo de dor.

Este é um livro escrito para ajudar você a descobrir que os limites saudáveis podem pavimentar o caminho para a versão mais verdadeira e pura do amor emergir nos relacionamentos que fazem parte de quem somos e do que mais queremos.

Para que possamos refletir sobre os limites saudáveis e aprender mais sobre as despedidas ao longo do livro, criei uma seção ao final de cada capítulo intitulada "É hora de aplicar o que aprendemos". Trata-se um resumo do que lemos e aprendemos no capítulo, incluindo algumas perguntas e escrituras para refletirmos enquanto avançamos. Lembre-se: não se trata apenas de uma mensagem a ser lida, mas de uma mensagem que nos faz sentar, lutar e ponderar em oração. Então, se quisermos uma transformação verdadeira, teremos que dar o passo crucial da aplicação.

Esta não será a mensagem mais fácil de aplicar à sua vida, mas provavelmente será um dos passos mais valiosos em direção à sua saúde emocional e a relacionamentos mais saudáveis. E a melhor parte de tudo isso é que você não estará sozinha. Eu estarei com você enquanto confiamos em Deus para nos guiar em cada palavra e a cada próximo passo. E você também terá o ombro amigo do meu conselheiro cristão Jim Cress, que nos apresentará insights terapêuticos ao longo de todo o livro.

É hora de aplicar o que aprendemos...

RECORDE (AFIRMAÇÕES AS QUAIS SE APEGAR):

- Não podemos permitir comportamentos ruins e chamá-los de amor.
- O amor deve honrar a Deus para experimentar a plenitude e a liberdade da mais doce conexão entre dois humanos.
- Limites protegem o tipo certo de amor e ajudam a prevenir que a disfunção destrua esse amor.
- O amor deve ser o que nos une, não o que nos separa.
- Estabelecer limites motivados pelo amor oferece uma oportunidade para que os relacionamentos cresçam e se aprofundem, pois a verdadeira conexão prospera na segurança da saúde e da honestidade.
- Quando estamos machucadas, os limites saudáveis e as despedidas necessárias nos ajudam a não ficarmos presas a um estado perpétuo de dor.

RECEBA (ESCRITURAS PARA MEDITAR):

"Um novo mandamento dou a vocês: Amem uns aos outros. Como eu os amei, vocês devem amar uns aos outros." (João 13.34)

"O amor é paciente, o amor é bondoso. Não inveja, não se vangloria, não se orgulha. Não maltrata, não procura os próprios interesses, não se ira, não guarda rancor. O amor não se alegra com a injustiça, mas se alegra com a verdade. Tudo sofre, tudo crê, tudo espera, tudo suporta." (1Coríntios 13.4-7)

REFLITA (PERGUNTAS PARA PENSAR):

- Você já considerou que estabelecer parâmetros saudáveis nos seus relacionamentos é, na verdade, um ato de amor? Ao começar este livro, como isso muda a sua perspectiva?

- O que pode ter motivado você no passado a estabelecer limites ou dizer adeus? Reserve um tempo para pensar sobre isso e depois registre por escrito as suas respostas.
- Quando estamos em um relacionamento marcado por caos, confusão e dor, reagir de forma extrema pode causar mais dor ainda. Algumas pessoas assumem toda a culpa e minimizam as ações da outra pessoa. O extremo oposto é colocar toda a culpa na outra pessoa sem examinar o próprio coração. Ao longo deste livro, queremos evitar pender para qualquer um desses extremos. Portanto, a autorreflexão honesta é sempre uma boa prática. Fazer a si mesma as perguntas a seguir é um passo sábio agora, e revisitá-las antes de estabelecer um limite ou dizer adeus também pode ser útil:
  - — Estabeleci expectativas pouco realistas?
  - — Estou me ofendendo com facilidade?
  - — Considerei as minhas próprias falhas nesse relacionamento?
  - — Busquei a sabedoria de um conselheiro, mentor ou orientador espiritual?

ORAÇÃO:

Senhor, o maior desejo do meu coração é amar e valorizar os outros da maneira como o Senhor nos valoriza. Mas, honestamente, às vezes as dinâmicas difíceis dos relacionamentos tornam incrivelmente complexo discernir o que é verdadeiramente amoroso. Então, à medida que avanço nas páginas a seguir, peço que o Senhor me guie e me ajude a caminhar nos seus caminhos, não nos meus. Mostre-me como abordar os meus relacionamentos mais próximos com compaixão e um compromisso saudável com a realidade, para que eu possa me alinhar com o Senhor. Em nome de Jesus, amém.

Capítulo 1

Você não está louca

(você pode amá-los, mas não pode mudá-los)

"Não há como construir uma confiança que é continuamente quebrada." Essas palavras vinham a mim em ondas impossíveis de dor, esbarrando em feridas ainda abertas do meu coração. Eu oscilava entre querer gritar essas palavras para fora de mim e em retomá-las para engoli-las por inteiro.

Antes deste momento, eu só tinha conseguido escrevê-las no meu diário. Mas então, em um momento não planejado de dolorosa honestidade, eu as proferi em voz alta. Primeiro para o meu conselheiro, depois, mais tarde, para o homem com quem eu estava casada por quase três décadas.

"Não há como construir uma confiança que é continuamente quebrada." Isso foi um soco no estômago. Às vezes, pode ser horrível falar a verdade. E, ainda assim, é muito pior ter a verdade diante de si e negá-la.

Eu o amava. Eu valorizava as nossas longas conversas sobre a vida e o amor e até mesmo sobre todas as coisas do cotidiano que constroem uma conexão íntima. Na época em que as coisas corriam bem, supus que esse relacionamento sempre faria parte da minha vida. Mas, então, as coisas começaram a mudar, a se deteriorar, e tudo virou de cabeça para baixo. As mentiras se tornaram mais comuns do que a verdade. As segundas chances se transformaram em terceiras, quartas e quinquagésimas oportunidades para corrigir os erros com a verdade.

Promessas foram feitas.

E, por um tempo, foram cumpridas. Contudo, assim que pensei que estávamos chegando a algum lugar, as promessas foram quebradas.

O problema é que a confiança é algo incrivelmente frágil de se reconstruir. Os retrocessos são cruéis. Entorses inesperados são debilitantes. E, se há uma torção a ponto de se transformar em uma fratura, os estilhaços de confiança quebrada repetidamente acabam se tornando punhaladas no coração.

Cada parte de mim queria que o nosso casamento fosse saudável e próspero. E, ainda assim, tudo o que a realidade exigia era que mudanças fossem feitas.

Os vícios haviam retornado. E também as violações de limites que já estavam claramente estabelecidos. Eu não podia ignorar isso e fingir que estava tudo bem. Cada vez que eu via novas evidências, recuava tanto pela dor no meu peito quanto pelas lembranças dolorosas na minha mente. O meu conselheiro chama isso de "gatilhos". Cada vez que eles eram acionados, eu era transportada de volta ao tempo em que não entendia o vício. Eu não entendia que pessoas boas podem fazer coisas realmente ruins quando o vício assume o controle. Achava que estava enlouquecendo.

A evidência do vício parecia gritar avisos aterrorizantes na minha mente: "Você não está segura. Está acontecendo de novo. É tudo mentira. Você está prestes a ser pega de surpresa. Você não vai sobreviver a isso".

Eu balançava a cabeça em negação. O meu corpo se dobrava ao meio. E soluços irrompiam das profundezas do meu ser. Eu tinha dado todo o amor e perdão que sabia dar, e não fora suficiente. O amor dado é maravilhosamente belo. O amor recebido é maravilhosamente gratificante. Mas, para que o amor prospere de forma verdadeira e duradoura, deve estar envolto na segurança da confiança.

Sem confiança, o amor morrerá. Então, tive que dizer: "Não há como construir uma confiança que é continuamente quebrada".

E, ao deixar sair essas palavras, senti como se estivesse anunciando uma das piores derrotas da minha vida. Eu tinha a noção errada de que ser cristã exige acreditar no melhor, não importa o que aconteça. Que é cruel estabelecer limites. Que é nobre e louvável permanecer em um relacionamento a qualquer custo. Já não acredito mais nisso.

Agora acredito que devemos honrar o que honra a Deus. E, ao fazer isso, não devemos confundir os bons mandamentos de amar e perdoar com as más realidades de permitir e encobrir o que não honra a Deus. Quando as ações desonrosas de alguém nos pedem para nos afastarmos dessa pessoa, isso deveria nos fazer parar para pensar seriamente.

O meu conselheiro, Jim Cress, uma vez segurou um travesseiro entre o meu rosto e o dele e disse: "Quando você está falando com essa pessoa, tudo o que você diz passa obrigatoriamente pelo vício ao qual ela se deixou escravizar. Você não está falando com a pessoa que ama".

Eu sabia que Jim estava certo, mas continuava tentando ter uma conversa com a irracionalidade das substâncias que só podiam me permitir ser a facilitadora ou a inimiga. A facilitadora seria manipulada. A inimiga seria enganada. De qualquer forma, não há amor em manipulações e mentiras. O amor respira o oxigênio da confiança. O amor luta e acaba sendo estrangulado pela falta de oxigênio que o vício causa.

Embora não tivesse sido eu quem havia escolhido as substâncias viciantes, era eu quem agora traçava uma linha que não poderia mais voltar a ser cruzada. Contudo, lá no fundo, eu sabia que o limite seria ultrapassado da mesma forma que tinha sido tantas outras vezes.

A sedução de seus muitos vícios o havia capturado de tal forma que agora eu tinha a certeza de que não falava mais com o homem que amava.

Seus olhos tinham a mesma forma que eu havia visto inúmeras vezes, mas seu eu verdadeiro não estava mais ali. Ele não conseguia ver o que eu via. Ele não queria ouvir o que eu dizia. Embora estivéssemos a apenas alguns metros de distância, havia um abismo entre nós.

Não devemos confundir os bons mandamentos de amar e perdoar com as más realidades de permitir e encobrir o que não honra a Deus.

A saúde não pode se unir à falta de saúde.

Então, ou eu ficava doente e permitia que esse ciclo continuasse, ou eu cumpria os limites que havíamos acordado. Em um momento de renovação, escrevemos o que seria e o que não seria aceitável no nosso relacionamento dali para frente. E, agora, a realidade dessas promessas quebradas era um golpe devastador.

Eu não queria admitir que o vício havia ressurgido e se agravava mais uma vez. Admiti-lo iria me forçar a tomar a decisão de mais uma vez entregar esse homem, a quem eu amava, às suas escolhas. Para interromper parar a loucura, eu teria que soltar a mão dele, renunciando a algo que havia sido uma parte tão grande da minha vida e deixando de intervir para resgatá-lo repetidas vezes. Eu lembrava a mim mesma de respirar mil vezes de forma dolorosa e temerosa todo santo dia. Eu sabia que, em algum momento, olharia para o meu rosto no espelho e me perguntaria: *Mas, e se eu o resgatar de vez desta vez e tudo finalmente mudar? E se eu não o resgatar e algo terrível acontecer? Vou me arrepender disso pelo resto da minha vida? Há mais alguma coisa que eu possa fazer?*

Entretanto, por causa de todos os sábios conselhos que recebi, não havia nada mais a ser feito. E eu sentia uma derrota vergonhosa para mim. É difícil ser responsabilizada por uma escolha que não foi sua. Eu sabia que não deveria arcar com as repercussões de vícios que não eram meus. Contudo, quando sua vida está intimamente entrelaçada ao tecido coletivo de um relacionamento próximo, é insuportavelmente enlouquecedor ver alguém fazer escolhas que você sabe que são destrutivas. Embora as escolhas sejam da outra pessoa, as consequências impactam todos que a amam, como se fossem granadas prestes a explodir. Você não precisa ser a pessoa que puxa o pino para ser profundamente devastada pelos estilhaços resultantes.

Não se pode argumentar com uma pessoa presa no ciclo de um vício, assim como não se pode tentar convencer uma granada ativa a não explodir. Quando o pino é puxado, uma cadeia de eventos é desencadeada, gerando destruição. A maioria das pessoas que luta contra vícios terá justificativas irracionais que nunca farão sentido.

Elas não levam os outros em consideração. Realmente pensam que suas escolhas afetam apenas a si mesmas.

Não sentem a sua dor.

Não querem ver as suas lágrimas.

Dirão que o céu azul é laranja... que o carro laranja é verde... que o seu copo está cheio de uma coisa quando você sabe com certeza que está cheio de outra. E, quando as mentiras a atingem e não há um pingo de remorso da parte dessa pessoa, você se pergunta se existe alguma verdade entre vocês.

Se você concordar com o que essa pessoa diz, ficará cada vez mais convencida de que você é o problema. Se você se opuser ao que ela diz, pode ter certeza de que ela a fará sentir que o problema é definitivamente você.

De qualquer forma, você perde.

E eu estava perdendo... a minha saúde, o meu bem-estar emocional e, mesmo que eu não quisesse admitir, o meu casamento.

Sendo assim, a única decisão real que eu deveria tomar era se perderia ou não a minha sanidade.

Percebo que problemas mais graves, como o vício, talvez não seja o que faz alguns de seus relacionamentos serem incrivelmente desafiadores. Existem várias razões pelas quais os relacionamentos podem começar a escorregar de saudáveis para não saudáveis. Ou, pelo menos, de gratificantes para frustrantes.

Os relacionamentos são maravilhosos até deixarem de ser. No entanto, a maioria de nós não está nem perto de estar tão preparada quanto necessário para saber o que fazer quando temos consciência de que as coisas precisam mudar, mas a outra pessoa não está disposta ou não é capaz de cooperar com as mudanças necessárias.

Ou o seu desafio pode ser com uma pessoa incrível, e você não consegue descobrir como abordar algo que está lhe incomodando ou como comunicar a necessidade de um limite.

Ou pode ser com uma pessoa em posição de autoridade sobre você, e os limites parecem não funcionar.

Ou pode ser com um familiar que vive na sua casa e, embora você precise de certa distância, estabelecer limites não parece muito realista.

Todos os relacionamentos podem ser difíceis às vezes, mas não deveriam ser destrutivos no que diz respeito ao nosso bem-estar. Se você tem relacionamentos na sua vida em que sabe que algo está errado, mas não consegue descobrir o que fazer, acredito que encontrará rapidamente a razão pela qual precisa deste livro. Entendo como é sentir o corpo tenso e o pulso acelerado enquanto a mente grita para a outra pessoa: "Pare com isso!". Você já orou para entender esse comportamento ou situação. Já conversou sobre isso. Já tentou elaborar a questão. Talvez até tenha tentado colocar um ponto final. Entretanto, nada pareceu funcionar.

Você chegou a um ponto em que sabe que pode perdoar a pessoa. E pode amá-la. Você quer salvar o relacionamento e chegar a um lugar melhor mais do que qualquer outra coisa. Você fez mudanças. Ouviu conselhos sábios e fez tudo o que sabia fazer. Contudo, finalmente percebeu que, se o outro não quer que as coisas mudem, você não conseguirá mudá-las. E agora, secretamente, você se pergunta se está louca.

Amiga, é possível que você esteja com o coração partido. É possível que esteja triste. É possível que esteja com medo e até com raiva. É possível que esteja focada em tentar consertar o que não está ao seu alcance. E talvez até esteja obcecada em tentar descobrir tudo.

Mas você não está louca. Se está sentindo cheiro de fumaça, há fogo.

E a única opção razoável nesse momento é apagar o fogo ou sair de perto dele.

Estabelecer limites pode ajudar a apagar o incêndio antes que ele consuma tudo. Mas, se o fogo continuar queimando com intensidade crescente, é preciso se afastar da fumaça e das chamas. Às vezes, a única opção é dizer adeus.

Espero que você logo reconheça que os limites não são apenas uma boa ideia, são uma ideia de Deus. Os limites estão entrelaçados em tudo o que Deus fez desde o princípio dos tempos. Isso será abordado nos capítulos seguintes.

Contudo, pense nisso agora: Deus estabeleceu limites até mesmo ao redor do mar durante a criação. O mar acabaria sendo conhecido pelo povo que vivia na época bíblica como um símbolo de caos. Assim, Deus colocou uma barreira de areia de limite para o mar a fim de que o caos não pudesse atravessá-la (Jeremias 5.22).

Quando o caos é abundante, geralmente há falta de limites saudáveis. O caos não deveria ser a regra e, embora nem sempre possamos mudar sua origem, devemos cuidar do que somos capazes de mudar. Por favor, quero que você saiba que estabelecer parâmetros saudáveis não é anticristão. Não é anticristão exigir que as pessoas tratem você de forma saudável. E devemos fazer o mesmo com os outros. Não é anticristão chamar as coisas erradas de erradas e as dolorosas de dolorosas. Podemos fazer tudo isso com honra, bondade e amor, mas precisamos saber como identificar a disfunção, o que fazer a respeito e como reconhecer o momento em que não é mais razoável nem seguro permanecer em alguns relacionamentos.

Como em outros livros que escrevi, essa é uma mensagem que preciso ouvir acima de tudo. Ainda enfrento desafios para estabelecer e manter limites. Cheguei a entender que os limites não são um método que nos torna perfeitas, mas sim uma oportunidade para protegermos os ideais de Deus no que diz respeito aos relacionamentos.

Preciso disso e imagino que você também.

E precisamos também falar sobre as despedidas necessárias. Todos temos relacionamentos que não duraram como pensávamos que durariam. Contudo, a maioria de nós considera esses finais incrivelmente confusos e, às vezes, devastadores. Talvez você tenha se perguntado, como eu, se é possível que uma despedida seja boa.

Se você tem questionamentos e dúvidas em relação a tudo isso, não está sozinha.

Com a ajuda de Deus, nas minhas próprias lutas cheias de lágrimas durante a elaboração dessa mensagem, encontrei um caminho a seguir. Um jeito de amar verdadeiramente os outros sem perder o melhor de mim.

Reconheço desde o início que essa jornada de estabelecer e manter limites saudáveis nem sempre é fácil. Temos que examinar algumas questões difíceis relacionadas à disfunção, angústia e até desconfiança. Temos que nos comprometer a acordar dia após dia com um compromisso renovado de avaliar os nossos limites e como vamos garantir que os cumpriremos com as mesmas medidas de graça, amor e compaixão... por nós mesmas e pelas pessoas com quem nos relacionamos.

> **Quando o caos é abundante, geralmente há falta de limites saudáveis.**

A compaixão é realmente importante para mim ao pensar sobre limites. Quando estamos em um relacionamento difícil ou até mesmo em um relacionamento que não é sustentável, especialmente se há vícios envolvidos, é preciso haver uma medida de compaixão, pois, às vezes, o que realmente impulsiona os comportamentos não saudáveis nas pessoas é a vergonha subjacente ou a falta de paz interior. Muitas vezes, são ambas as coisas.

Não estou dizendo que, por causa da compaixão, devemos tolerar ou permitir suas ações, permanecendo em situações em que danos são causados. O que digo é que, ao darmos um passo para trás, podemos considerar sentir compaixão pelo que quer que tenha causado a raiz original da vergonha e do caos no nosso coração e que levou a outra pessoa a agir e reagir de maneiras pouco saudáveis. Não queremos que a dor causada nos faça trair quem realmente somos. Não somos cruéis nem mesquinhas, portanto não queremos incluir nada disso na nossa definição de limites.

Também quero sentir compaixão porque não tenho a vida totalmente resolvida a ponto de nunca agir e reagir de maneira pouco saudável. Tenho os meus próprios problemas que preciso trabalhar e superar com aconselhamento. E, certamente, aprender a ter compaixão de maneira apropriada, sem deixar de estabelecer limites, continua sendo uma das minhas maiores lições.

Assim, se você está pronta para trabalhar isso, e digo *realmente* trabalhar tudo isso, então eu também estou. Estamos nisso juntas, e não há ninguém mais com quem eu preferiria estar ao meu lado enquanto prosseguimos em direção à cura e à saúde pelas quais o nosso coração tanto anseia.

Dessa forma, acho que vou respirar fundo e pegar mais uma xícara de café. Com grande esperança no coração, colocarei a Bíblia debaixo do braço enquanto caminho ao seu lado.

Uma nota do meu conselheiro, Jim, sobre gatilhos

Existem dois tipos de gatilhos: internos e externos. Um gatilho é um estímulo causado por um pensamento interno ou por uma ação externa de outra pessoa. Seja interno ou externo, o gatilho desencadeia uma reação que faz que um incidente doloroso do passado pareça estar acontecendo no presente. É quase como se tivéssemos sido transportados de volta à "cena do crime".

A parte do nosso cérebro que regula as "emoções" (conhecida como sistema límbico) está programada para buscar segurança e confiança no que o futuro reserva. Em outras palavras, o cérebro trata de prever o que acontecerá em seguida.

Assim, um gatilho faz que você se sinta ansiosa porque ativa um alarme, levando-a a entender que algo não está certo ou seguro.

Mas o gatilho não é o problema principal. O problema principal é o trauma não curado que ainda está dentro de você. Quando o estímulo é desencadeado, ele aponta para algo do seu passado que ainda não está curado dentro de você para ou um novo trauma que está acontecendo no momento presente.

Se um trauma recente estiver acontecendo e você estiver em perigo imediato, o seu desejo será buscar segurança. Se o gatilho for causado por um trauma do passado, podemos aprender a não cair na armadilha da ansiedade. Isso exigirá que você visite o seu passado a fim de trabalhar no que ainda não está curado ao mesmo tempo que mantém os pés no chão. Pare.

Respire fundo e diga: "Sei o que está acontecendo aqui. Já passei por isso antes. Não estou em perigo imediato. Existe uma saída e posso buscar ajuda. Posso deixar este sentimento me chamar a atenção, mas não preciso entrar em pânico".

E, não importa qual é o gatilho, lembre-se sempre de que você tem o poder de se erguer com resiliência. Quando as coisas ao seu redor saem do controle, você pode pedir um tempo. Pode se afastar. Pode buscar outras pessoas para ajudá-la a entender o que aconteceu. Pode criar um plano. Pode programar algo na sua agenda e esperar ansiosamente pela ocasião. Todas essas coisas ajudarão você a evitar os sentimentos e as circunstâncias de insegurança que causam dor e confusão.

É hora de aplicar o que aprendemos...

RECORDE:

Não se pode construir uma confiança que é continuamente quebrada.

- Não devemos confundir os bons mandamentos de amar e perdoar com as más realidades de permitir e encobrir o que que não honra a Deus.
- A saúde não pode se unir à falta de saúde.
- Todos os relacionamentos podem ser difíceis às vezes, mas não devem ser destrutivos no que diz respeito ao nosso bem-estar.

- Limites não são apenas uma boa ideia, são uma ideia de Deus.
- Quando o caos é abundante, geralmente há falta de bons limites.
- Não é anticristão exigir que as pessoas tratem você de maneira saudável.

RECEBA:

"[...] fui eu que fiz da areia um limite para o mar, um decreto
eterno que ele não pode ultrapassar.
As ondas podem quebrar, mas não podem prevalecer; podem
bramir, mas não podem ultrapassá-lo." (Jeremias 5.22)

REFLITA:

- Descreva o que você pensa quando lê isso: não se pode construir uma confiança que é continuamente quebrada.
- De que maneira você acreditou que era anticristão exigir que os outros a tratassem de forma saudável?

ORAÇÃO:

Pai Celestial, quando a pessoa que me machuca não vê a dor, as lágrimas ou as emoções que causa em mim, sei que o Senhor vê. O Senhor lembra que sou vista e amada. Não estou caminhando sozinha. À medida que início a jornada para descobrir como os limites não são apenas uma ideia humana, mas a sua ideia divina, sei que o Senhor me guiará a cada passo do caminho. Mantenha o meu coração terno e humilde, ao mesmo tempo que firme e aberto a tudo o que o Senhor me revelar. Continue a me mostrar o que o Senhor tem para mim pessoalmente nas páginas seguintes. Em nome de Jesus, amém.

Capítulo 2

Identificando a tensão com a qual todos lutamos

Eu não sabia mais o que fazer. Não importava quanto eu quisesse que aquela amizade funcionasse, não estava dando certo. Algumas coisas eram boas. Mas as partes que não funcionavam não paravam de acontecer. Eu estava gastando tanta energia emocional tentando evitar outro problema, que isso se tornava cada vez mais desafiador e eu não conseguia nem mesmo aproveitar os bons momentos. Éramos amigas desde crianças, mas a vida de cada uma de nós tomou rumos dramaticamente diferentes.

Era como ir à praia, ansiosa por caminhar na areia. Para mim isso é muito relaxante. Mas, quando piso em um espinho na areia, a dor interrompe a beleza da praia por um momento. Depois de dar um pulo e remover o espinho, passo a caminhar com um pouco mais de cautela nos passos seguintes, mas ainda consigo aproveitar completamente o lugar.

Se, no entanto, a areia da praia estivesse cheia de espinhos, eu deixaria de esperar o conforto vindo da areia e, em vez disso, me concentraria em evitar me machucar. A praia continua sendo linda. A areia continua sendo promissora. Mas, se a realidade da areia causa dor, é apenas razoável que, em algum momento, a expectativa se torne mais realista. Se os espinhos não forem removidos da areia, caminhar na praia não será uma experiência relaxante. Isso parece bastante óbvio quando usamos o exemplo dos espinhos da areia.

Era muito menos óbvio naquela amizade. Eu sabia que havia espinhos. E sabia que os espinhos iriam me machucar. Mas, em vez de reconhecer que a dor era causada pela presença dos espinhos, eu continuava me criticando mentalmente por ser sensível demais. Não consigo me imaginar dizendo a alguém que pisou em um espinho na areia, que o problema eram seus pés. E, ainda assim, era isso o que eu fazia a mim mesma quando as dinâmicas de relacionamentos difíceis machucavam o meu coração.

E, em outras ocasiões, eu ficava tão irritada e frustrada que tentava resolver o problema removendo cada espinho individualmente da areia. Nunca percebia que esses mesmos espinhos carregam as sementes que fazem que a planta original se reproduza. Em outras palavras, os espinhos se multiplicam. Eles não apenas não desaparecerão por conta própria, como tendem a piorar cada vez mais. É a origem que deve ser abordada.

Levou muito tempo para que eu admitisse isso.

No início, como eu disse anteriormente, achava que o problema era eu mesma. Por que me sentia tão frustrada? Pensava que precisava trabalhar a minha paciência. E foi o que fiz. Mas as coisas não melhoraram. Então, pensei que precisava trabalhar as minhas expectativas. Talvez fossem muito altas. Contudo, descobri que as expectativas são, às vezes, ressentimentos latentes disfarçados. Eita! Assim, em vez de pensar em "expectativas", passei a pensar em "necessidades e desejos". Isso ajudou, até que chegou uma hora em que deixou de ajudar.

Dessa forma, pensei que talvez eu estivesse passando muito tempo com a minha amiga. Mas quando tentei me afastar um pouco, disseram que eu estava dando muito pouco de mim e agindo de forma desconectada. Então, tentei agir de acordo com as necessidades dela, mas estas mudavam constantemente. E quanto às minhas necessidades? Eu não conseguia descobrir como lidar com algumas das minhas preocupações.

Quando eu tentava explicar que algumas coisas precisavam mudar, até mesmo os meus melhores pontos de vista soavam mal. Tudo parecia tão racional na minha cabeça antes da conversa, mas a emoção do momento fazia tudo soar muito fora de contexto. Eu não conseguia acompanhar as acrobacias mentais. Assim, acabava pedindo desculpas e me arrependendo de ter trazido a questão à tona.

Os espinhos não eram apenas algo em que eu pisava de vez em quando. Eles grudavam em mim regularmente e feriam o meu coração mesmo depois de eu ter saído da praia.

Tudo não parava de girar na minha mente. Eu dizia a mim mesma que era possível resolver aquela situação. Oscilava entre sentir raiva da minha amiga e de mim mesma. E então as coisas melhoravam um pouco. Quando tudo ia bem, ia realmente bem. Quando era agradável, era muito agradável. Quando era divertido, era muito divertido.

Mas então ela voltava a mencionar suas expectativas durante uma ligação telefônica ou um almoço juntas, ou até mesmo em uma simples troca de mensagens, e eu sabia que o ciclo de caos estava prestes a voltar. Era como se eu nunca tivesse tentado abordar nada daquilo antes.

Bom, ótimo, confuso, pior, muito pior. Eu me sentia mal comigo mesma. Sentia-me mal por ela. E queria mesmo era não sentir nada. Olhava para o teto. Bom de novo, ótimo de novo, confuso de novo, pior de novo e muito pior de novo. Eu mentia-me ainda pior comigo mesma. Sentia-me ainda pior por ela. E não queria mesmo sentir nada em níveis ainda maiores. Olhava para o teto. E assim foi. Por anos.

Finalmente precisei reconhecer que continuar tentando resolver o problema *era* parte do problema. Dizem que Albert Einstein afirmou: “Se eu tivesse uma hora para salvar o planeta, passaria cinquenta e nove minutos definindo o problema e um minuto o resolvendo”. Eu estava fazendo o oposto. Passava tempo demais tentando resolver os problemas individuais e nunca havia definido corretamente o problema geral.

O problema não era que eu tinha necessidades e desejos que não estavam sendo atendidos. A minha amiga provavelmente também os tinha. Não era nem mesmo o fato de que não tentávamos falar sobre cada uma das nossas necessidades e desejos. A verdadeira questão era que comecei a ficar ressentida pelo nível de acesso emocional que tinha dado a ela. Se você é uma pessoa que gosta de destacar partes importantes de um livro, marque em amarelo a palavra *acesso*. É uma palavra muito importante. E tem especial importância quando estamos profundamente envolvidas em um relacionamento próximo e começamos a nos sentir ignoradas, inseguras, negligenciadas e exploradas por outra pessoa que está se aproveitando de nós ou nos responsabilizando por escolhas que fogem ao nosso controle.

Sabemos que o acesso deve ser cuidadosamente protegido, assim como tantas outras coisas na nossa vida.

Sabemos que isso deve acontecer no que se refere à nossa casa, ao nosso carro, contas bancárias, contas de mídia social e até mesmo contas de *streaming* que usamos para assistir a filmes. Temos chaves. Temos senhas. Jamais seria prudente conceder acesso a outros sem garantir que eles sejam responsáveis com esse acesso. Nunca ouvi alguém dizer: "Ela é extremamente egoísta e anticristã por não conceder livremente suas chaves e senhas para todo o bairro". Só porque alguém mora perto não significa que podemos supor que será responsável com o acesso completo.

Se damos a um vizinho uma chave da nossa porta da frente, é porque confiamos que ele é responsável com esse tipo de acesso. E, se houver algum indício de que o nosso vizinho não está sendo responsável com o acesso que lhe concedemos, sabemos que o restringir é uma sábia decisão.

Não tenho sido tão sábia em entender como proteger o meu coração. Talvez esse seja um problema pelo qual muitas de nós passamos. Provérbios 4.23 diz: "Acima de tudo, guarde o seu coração, pois dele origina a vida". Muitas vezes vi esse versículo ensinado no contexto de relacionamentos amorosos e pureza. Contudo, creio que ele também se aplica a proteger o acesso ao nosso coração em outros tipos de relacionamentos.

Curiosamente, a palavra hebraica relativa a proteger, *mišmār*, comunica uma natureza ativa de como alguém deve se proteger.[1] Isso significa que proteger é uma palavra ativa, e não passiva. Não estamos tentando nos proteger *do* amor. Se amamos, arriscamos nos machucar. Mas estamos tentando nos proteger *por* amor. Não queremos nos deixar consumir pela dor e pelo caos dos padrões das relações tóxicas a ponto de nos tornarmos portadoras de dor humana em vez de condutoras do amor de Deus.

O amor pode ser incondicional, mas o acesso relacional nunca deveria ser. Deus nos ama, mas ele estabeleceu que o pecado nos separa dele. Quando Adão e Eva pecaram, deixaram de receber o mesmo tipo de acesso. O que começou como um grande acesso a Deus, com um limite no jardim do Éden, mudou por causa do pecado. À medida que leio a Bíblia, percebo que, quanto mais os pecados da humanidade aumentaram, mais os limites foram estabelecidos e os acessos foram diminuídos. Em Gênesis, capítulo 2, havia apenas um limite, mas, à medida que nos aproximamos do fim da Lei e dos Profetas, há 613 deles.[2]

Então, conforme prosseguimos na leitura da Bíblia, o acesso a Deus se torna mais restrito e condicional. O amor de Deus era incondicional, mas o acesso a ele não era.

Observe algumas escrituras importantes a considerar:

> Vejam! O braço do Senhor não está encolhido
> para que não possa salvar
> nem surdo o seu ouvido para que não possa ouvir.
> Contudo, as suas maldades separaram
> vocês do seu Deus;
> os seus pecados esconderam de vocês o rosto dele;
> por isso, ele não os ouvirá. (Isaías 59.1-2)

---

1. Koehler, Ludwig et al. **The Hebrew and Aramaic Lexicon of the Old Testament**. Leiden: E.J. Brill, 1994-2000. p. 649.

2. Pick, B. "Precepts, the Six Hundred and Thirteen". **Cyclopædia of Biblical, Theological, and Ecclesiastical Literature**. New York: Harper & Brothers, 1894. p. 494. Para maior clareza, as 613 leis incluem requisitos que têm em mente tanto a bênção quanto a consequência. Isso é um lembrete tão importante de que o estabelecimento de limites por Deus não é puramente punitivo, mas também inclui instruções para o tipo de vida que Deus deseja que vivamos.

Se eu acalentasse o pecado no coração,
o Senhor não me ouviria. (Salmos 66.18)

O amor pode ser incondicional, mas o acesso relacional nunca deveria ser.

Observe que as palavras *pecado* e *maldade* são ambas usadas nesses versículos. Estou mais familiarizada com o pecado, mas nem tanto com a maldade.

Ao estudar isso, descobri que a maldade aponta para o caráter ou para a motivação da ação, mais do que para a ação em si. Portanto, não se trata apenas do que alguém faz ou deixa de fazer; trata-se do que suas ações representam. É aqui que as coisas podem ficar confusas, quando sabemos que alguém faz algo doloroso para nós, mas não conseguimos identificar isso como pecado. Isso pode até contribuir para a sensação de que o nosso relacionamento está um pouco "estranho", como se algo não estivesse indo muito bem. É por essa razão que sou tão grata pela Bíblia também falar sobre a maldade, entrando nas nuances de questões dolorosas dos relacionamentos humanos que não apontam claramente para o pecado. Leia novamente os versículos anteriores e note que tanto o pecado quanto a maldade têm consequências que mudam o acesso que Deus dá em seus relacionamentos.

O que estamos buscando são padrões de comportamentos dolorosos e prejudiciais. Uma declaração dolorosa pode ser chamada de erro. Contudo, um padrão repetido de declarações dolorosas ou de atitudes indiferentes ou até mesmo expectativas injustas é muito mais do que um erro. Esses padrões são abusos dos propósitos de um relacionamento. Por que é tão importante entender isso? Porque o uso indevido e descontrolado de um relacionamento pode se transformar rapidamente em abuso.

Recentemente, encontrei um artigo do Christianity.com que resume muito bem essa progressão perigosa: "A maldade contínua leva a desejos irregulares, o que leva a uma mente degenerada. Romanos 1.28-32 descreve esse desvio em detalhes gráficos".[3] Quando abri a minha Bíblia para ver o que essa passagem dizia, fiquei surpresa com o que essa progressão pode realmente provocar:

O uso indevido e descontrolado de um relacionamento pode se transformar rapidamente em abuso.

> Além do mais, visto que desprezaram o conhecimento de Deus, o próprio Deus os entregou a uma disposição mental reprovável, para praticarem o que não deviam. Tornaram-se cheios de toda sorte de injustiça, maldade, cobiça e depravação. Estão cheios de inveja, homicídio, rivalidades, engano e malícia. São bisbilhoteiros, caluniadores, inimigos de Deus, insolentes, arrogantes e presunçosos; inventam maneiras de praticar o mal; desobedecem aos pais; são insensatos, desleais, insensíveis, sem misericórdia. Embora conheçam o justo decreto de Deus, de que as pessoas que praticam tais coisas merecem a morte, não somente continuam a praticá-las, mas também aprovam aqueles que as praticam.

Sei que esse é um assunto pesado. E talvez você esteja pensando: "Uau, Lysa, estou apenas tentando entender algumas dinâmicas de relacionamentos disfuncionais. Não quero realmente entrar em toda essa coisa de maldade e pecado". Posso me sentir assim também. Contudo, é crucial entender como isso se desenrola em um nível bíblico para que possamos proteger adequadamente o nosso coração.

---

3. "What Is Iniquity? Its Meaning and Importance in the Bible", **Christianity.com**, Mar 13, 2019. Disponível em: https://www.christianity.com/wiki/sin /what- is- iniquity- meaning- and- importance- in- the- bible.html. Acesso em: 26 fev. 2025.

Como eu disse antes, os limites não são apenas uma boa ideia, são uma ideia de Deus.

Já falamos sobre como Deus estabeleceu limites desde o princípio. Mas que tal um exemplo de Deus estabelecendo limites para proteger o acesso? Quando o templo foi construído, aqueles que tinham o maior acesso (os sumos sacerdotes) também foram chamados ao mais alto padrão de pureza e responsabilidade necessárias para entrar no lugar sagrado. Se eles violassem o limite estabelecido por Deus e entrassem no lugar sagrado sem estar devidamente limpos e purificados, a consequência era a morte.

Quando Jesus veio para expiar os nossos pecados, fomos perdoados, *e* ele também exigiu que vivamos de forma que o perdão seja dado e recebido nos nossos relacionamentos com os outros. Os pecados contínuos e sem arrependimento continuam tendo consequências. Deus oferece amor a todas as pessoas, mas nem todas as pessoas terão acesso à vida eterna com ele. Por quê? Porque o pecado separa. Portanto, se nunca nos arrependermos dos nossos pecados e aceitarmos o novo coração que vem pela salvação em Cristo, o salário do pecado é a separação eterna de Deus.

Tendo tudo isso em mente, o pecado e a maldade não só causam a separação de Deus, mas também entre as pessoas.

Assim como Deus faz, devemos exigir das pessoas a responsabilidade necessária para que tenham acesso à nossa vida. Acesso excessivo, sem a responsabilidade correta, é prejudicial.

Por favor, releia essa última frase e reserve um tempo para assimilá-la. Essa é a tensão com a qual todas nós lutamos nos relacionamentos, que nunca conseguimos identificar exatamente: conceder acesso excessivo sem o nível correto de responsabilidade.

Entretanto, pense em quanta clareza poderíamos alcançar apenas nos fazendo as seguintes perguntas: Exigimos que as pessoas sejam responsáveis com o acesso que concedemos a elas? E temos as consequências apropriadas para ajudá-las a se sentirem responsáveis caso violem os nossos limites?

Se concedemos a elas acesso de nível dez, mas elas estão dispostas ou são capazes de assumir apenas responsabilidade de nível três, essa é a verdadeira origem do problema. O meu erro foi tentar fazer que a outra pessoa aumentasse a responsabilidade dela. E, se ela se recusasse, eu me sentia completamente frustrada.

Agora, em vez de me sentir frustrada porque não posso controlar as escolhas da outra pessoa, assumo o controle de reduzir o acesso ao nível de responsabilidade que o outro é capaz de demonstrar. Essa solução é chamada de limite.

> **Assim como Deus faz, devemos exigir das pessoas a responsabilidade necessária para que tenham acesso à nossa vida.**

Estabelecer um limite é ser responsável o suficiente para reduzir o acesso que concedemos aos outros com base na capacidade deles de serem responsáveis com tal acesso. Pessoas que são irresponsáveis com o nosso coração não devem ter acesso ilimitado a ele. E o mesmo vale para todos os outros tipos de acesso também: físico, emocional, espiritual e financeiro.

Por exemplo, somos uma família muito unida, e as minhas filhas e eu adoramos compartilhar roupas. Mas precisamos estabelecer uma nova política no que se refere ao acesso aos nossos armários. Bem, o acesso de nível 10 (completo) não estava funcionando e provocava muita frustração quando algo desaparecia ou voltava danificado. Agora, quando queremos usar algo, enviamos uma mensagem de texto pedindo um item emprestado e informando quando ele será devolvido. Assim, o nível de acesso aos armários precisou ser ajustado com essas diretrizes implementadas para manter o respeito e, em última análise, promover uma dinâmica saudável.

Talvez você tenha uma amiga com quem passe muito tempo e conte a ela detalhes sobre situações difíceis que está enfrentando. Mas, repetidamente, ela comete o deslize de compartilhar esses detalhes com terceiros, e você não queria que os outros soubessem. Quanto mais isso acontece, mais insegura você se sente. Mesmo

Pessoas que são irresponsáveis com o nosso coração não devem ter acesso ilimitado a ele.

após abordar o problema, a situação continua se repetindo. Então, se você não quer que os detalhes da sua vida sejam compartilhados, precisará reduzir o acesso que dá aos aspectos mais privados da sua vida. Isso pode incluir decidir de antemão quais tópicos está disposta a discutir quando vocês se encontrarem, procurando não se desviar dessa decisão em algum momento de vulnerabilidade.

Talvez, no seu casamento, você tenha confiado no seu cônjuge para pagar a fatura do seguro do carro. Contudo, durante as férias, os telefones de vocês dois são repentinamente bombardeados com chamadas urgentes, pois o seguro está prestes a ser cancelado por inadimplência. Após uma conversa séria sobre o que poderia ter acontecido se o seguro fosse cancelado, e sobre o fato de que outras contas também estavam atrasadas, vocês dois percebem que devem assumir um papel mais ativo no pagamento das contas. Obviamente, isso não é um fator decisivo na ruptura da confiança geral no seu casamento, mas destaca a realidade de que uma mudança precisa ser feita para que as tensões não continuem a crescer nessa área. Não é que o seu cônjuge não possa ter acesso as contas, mas, como ele foi irresponsável com os pagamentos, medidas de proteção precisam ser implementadas para que ele não fique mais encarregado de pagá-las. Isso é estabelecer um acesso reduzido. No final, vocês podem decidir que é melhor você interferir e passar a programar os pagamentos da casa. Assim, o seu cônjuge pode crescer, se sobressair e demonstrar responsabilidade em outras áreas.

Resumindo: Deus estabeleceu limites para proteger a intimidade, não para destruí-la. E devemos fazer o mesmo. Toda essa mensagem se refere a como fazer isso de forma adequada.

Ao encerrarmos este capítulo, quero que você saiba três coisas. Primeiro, você não está sozinha nas suas dificuldades. Nunca conheci uma única pessoa que tivesse dominado tudo o que falamos por aqui. Você não é um fracasso apenas porque enfrenta dificuldades relacionais. Você tem muito potencial, assim como as pessoas com quem se relaciona.

Em segundo lugar, sei que parte do que torna isso complicado é que, geralmente, quando percebemos que precisamos de limites, já estamos nos sentindo magoadas. Quero reconhecer a sua dor assim como quero que os outros reconheçam a minha. Embora queiramos reconhecer a dor, não queremos usar nenhuma parte desta mensagem para perpetuar mais dor. Os limites não são feitos para serem usados como armas. Devem ser usados para priorizar a segurança nos relacionamentos.

E, por último, há uma grande diferença entre relacionamentos difíceis e relacionamentos destrutivos. Abordaremos essa distinção importante em capítulos posteriores, mas, se você está sofrendo abuso, procure imediatamente a ajuda de profissionais capacitados e seguros.

Se os problemas nos seus relacionamentos se parecem mais com furacões do que com espinhos de areia, seja honesta a respeito. É por isso que às vezes precisamos de limites saudáveis e, às vezes, as despedidas são necessárias. Deixaremos espaço neste livro para que ambos sejam reconhecidos e abordados.

Você e eu vamos superar isso, amiga. E, no final, estaremos mais preparadas e dispostas a amar os outros sem trairmos a nós mesmas durante o processo. Essa é a melhor maneira de honrar o projeto de Deus para o amor. E é disso que toda essa nossa conversa trata.

Uma nota do Jim sobre acesso

Permitir que alguém tenha acesso sem responsabilidade acabará levando ao abandono. Se eu lhe der acesso ilimitado à minha e não houver responsabilidade da sua parte, ou eu vou deixar o relacionamento, ou então você é que vai abandoná-lo. Se alguém age de forma inadequada constantemente, essa pessoa *já* abandonou o relacionamento. Lembre-se: se você não tiver regras claras, se não estabelecer limites para o relacionamento, acabará governada pela outra pessoa e é possível que nem perceba.

É hora de aplicar o que aprendemos...

RECORDE:

- O amor pode ser incondicional, mas o acesso relacional nunca deve ser.
- O uso indevido e descontrolado de um relacionamento pode se transformar rapidamente em abuso.
- Assim como Deus faz, devemos exigir das pessoas a responsabilidade necessária para que tenham acesso à nossa vida.
- Pessoas que são irresponsáveis com o nosso coração não devem ter acesso ilimitado a ele.

RECEBA:

Acima de tudo, guarde o seu coração, pois dele origina a vida. (Provérbios 4.23)

Além do mais, visto que desprezaram o conhecimento de Deus, o próprio Deus os entregou a uma disposição mental reprovável, para praticarem o que não deviam. Tornaram-se cheios de toda sorte de injustiça, maldade, cobiça e depravação. Estão cheios de inveja, homicídio, rivalidades, engano e malícia. São bisbilhoteiros, caluniadores, inimigos de Deus, insolentes, arrogantes e presunçosos; inventam maneiras de praticar o mal; desobedecem aos pais; são insensatos, desleais, insensíveis, sem misericórdia. Embora conheçam o justo decreto de Deus, de que as pessoas que praticam tais coisas merecem a morte, não somente continuam a praticá-las, mas também aprovam aqueles que as praticam. (Romanos 1.28-32)

REFLITA:

- Explique este conceito com as suas próprias palavras: "O amor pode ser incondicional, mas o acesso relacional nunca deve ser".

- Como seria exigir dos outros o nível de responsabilidade que corresponda o nível de acesso dado a eles?

ORAÇÃO:

Deus, à medida que eu refletir sobre os relacionamentos que causaram dor na minha vida, mantenha o meu coração voltado para o Senhor. Lembre-me de que os limites estão destinados a proteger a intimidade, e não a destruí-la. Pai, entrego ao Senhor os meus mais profundos temores e ansiedades relativos aos meus relacionamentos difíceis. Confio no Senhor para me guiar com clareza na direção certa. Agradeço por tudo o que está revelando a mim pessoalmente neste momento. Em nome de Jesus, amém.

Capítulo 3

Não se trata dos problemas em si, mas do que eles representam

Os relacionamentos muitas vezes terminam não por causa das conversas que aconteceram, mas sim por causa das conversas que eram necessárias, mas nunca aconteceram.

As conversas abrem o caminho para que possamos abordar o que está e o que não está dando certo. Contudo, mais ainda, elas nos ajudam a estabelecer padrões saudáveis em vez de aceitarmos padrões que são tóxicos. Em um *continuum*, os relacionamentos são construtivos em uma extremidade e destrutivos na outra. Observe como expliquei isso no meu diário:

SAUDÁVEL DISFUNCIONAL

Construtivo ← Enriquecedor – Satisfatório – Indiferente/ Estagnado – Difícil – Prejudicial → Destrutivo

As relações muitas vezes morrem não por causa das conversas que aconteceram, mas sim por causa das conversas que eram necessárias, mas nunca aconteceram.

Obviamente, há muitas outras palavras que expressam os diferentes graus desse *continuum* relacional. Mas há algo que sempre nos moverá na direção negativa de difícil a prejudicial e a destrutivo.

E esse algo é a disfunção.

Posso admitir, logo de cara, que essa não é uma palavra que eu tenha me atrevido a usar com frequência em questões relacionais passadas. O termo "disfunção" soava tão ofensivo que eu imediatamente assumia a defensiva. Contudo, agora, aprendi a simplesmente deixá-la bem diante dos meus olhos e ousar considerar algumas coisas. Confesso, tenho disfunções. Outras pessoas que conheço têm disfunções. Seres humanos vivos têm disfunções. Reconhecer que as disfunções existem não deveria nos assustar. Mas devemos nos preocupar quando alguém vive como se as disfunções fossem algo normal.

Estar ciente das nossas disfunções não as conserta automaticamente. Se quisermos relacionamentos mais saudáveis, devemos estar dispostos a abordá-las.

Sim! Estou apontando para mim mesma aqui.

Lembro-me de uma vez em que a minha irmã veio me visitar. Havíamos acabado de terminar algumas reformas, pois parte da fiação da nossa casa precisara ser refeita. Por algum motivo, o nosso aquecedor de água quente não funcionava mais a não ser que as luzes do fundo da casa estivessem acesas. Então, se você estivesse desfrutando do seu banho quente e alguém desligasse as luzes do fundo – bam! –, a água fria rapidamente a faria se encolher, gritar e chamar alguém lá de baixo para acender as luzes do fundo de novo.

Entendo totalmente o que deve estar passando pela sua cabeça. Certamente chamei um eletricista imediatamente para vir consertar essa disfunção de fiação tão óbvia e alarmante, certo?!

Sei que é isso que você pensa. Mas não foi o que eu fiz.

Fiz apenas uma anotação mental para lembrar a todos os meus convidados que as luzes do fundo da casa deveriam estar acesas dia e noite para que eles pudessem tomar um banho quente. Eduquei a minha família em relação à nossa realidade. Cheguei até a considerar pendurar uma pequena placa nos banheiros.

Olha aí a disfunção.

A minha irmã inclinou a cabeça e disse: "Lysa, você sabe que isso é estranho, certo? Sabe que um eletricista poderia consertar isso, não sabe?".

Sim e não.

Tecnicamente, acho que eu sabia que um eletricista poderia resolver o problema. Mas essa não foi a minha resposta automática. Chamar um eletricista custaria dinheiro. Dinheiro que, quando éramos crianças, nós não tínhamos. Então, o pensamento de que é melhor dar um jeito de contornar os problemas em vez pagar para consertá-los estava enraizado em mim.

Nada trágico aconteceu enquanto a água quente era obtida daquela maneira estranha.

Mas isso não é apenas sobre luzes do fundo e água quente. É sobre o que a situação das luzes do fundo e da água quente representa.

Trata-se de não estar mais ciente de quanto as coisas se tornaram disfuncionais e reagir como se algo fosse normal quando absolutamente não é. Disfunção significa que as coisas não estão funcionando corretamente. Em outras palavras, algo atrapalha o funcionamento adequado. Por exemplo, uma mãe deve cuidar de seu filho. Entretanto, quando uma criança precisa cuidar de mãe, trata-se de uma disfunção. Outro exemplo é quando se espera que um cônjuge não seja apenas um parceiro, mas um salvador do outro cônjuge. Ou quando a felicidade de um amigo depende de que outro amigo o faça se sentir bem o tempo todo.

Entretanto, nos relacionamentos também devemos considerar o papel que a distorção desempenha dentro das disfunções que se manifestam. Adoro como Luis Villareal comenta sobre a conexão entre disfunção e distorção:

> Devido à Queda (Gênesis 2–3), todos temos algum nível de distorção ou disfunção. Não percebemos, pensamos, sentimos ou agimos da maneira mais saudável possível o tempo todo. Como resultado, distorções emocionais, como a ansiedade latente, a vergonha, a baixa autoestima, o pessimismo, a depressão e o perfeccionismo (entre outras) interagem dinamicamente e afetam as interações matrimoniais e familiares.[1]

E eu acrescentaria que essas distorções podem afetar todos os relacionamentos.

As distorções da realidade alimentam as disfunções. Os nossos problemas pessoais não desaparecem magicamente nos relacionamentos. Muitas vezes, a nossa falta de autoconsciência colide com a falta de autoconsciência da outra pessoa, e precisamos fazer uma escolha. Podemos usar esse conflito para nos tornarmos mais conscientes dos nossos problemas, ou podemos ignorar totalmente o que a outra pessoa está dizendo e permanecer erroneamente convencidas de que as coisas vão melhorar por si sós. Mas não vão. Abordar a questão de maneira apropriada é saudável. Ignorar a questão aumenta a probabilidade de disfunção.

Em um relacionamento, quando a verdade é manipulada, negada ou parcialmente omitida para encobrir comportamentos que deveriam ser tratados, as disfunções podem não apenas ser difíceis, mas se tornar destrutivas. Dessa forma, corremos o risco de passar a tolerar um padrão de erros, pois, com o tempo, eles começam a parecer menos alarmantes, mais aceitáveis e, finalmente, a nossa versão do "normal".

---

1. VILLAREAL, Luis. "Counseling Hispanics". **Healing for the City: Counseling in the Urban Setting**. Eugene, OR: Wipf and Stock Publishers, 2002. p. 220.

Enquanto os problemas com a minha água quente eram mais uma inconveniência, as disfunções escondidas nos meus relacionamentos e na minha vida poderiam ser realmente tóxicas. Cometi o erro de gastar incontáveis doses de energia emocional tentando agradar as outras pessoas, mesmo quando não deveria fazer isso. Tentei consertar outras pessoas. Tentei mudar a mim mesma para acomodar os outros e evitar conflitos. Assumi os problemas de outras pessoas como se fossem meus e me senti nobre por ser leal. Presumi que as outras pessoas tinham as mesmas definições sobre como cuidar do relacionamento, como cuidar umas das outras e como lidar com os problemas que surgiam. Mas, pior de tudo, traí a mim mesma ao saber que algo estava errado em um relacionamento e deixar que a outra pessoa me convencesse do contrário.

As distorções da realidade alimentam as disfunções.

Lembra-se de eu ter dito no capítulo anterior que finalmente havia começado a me ressentir do nível de acesso dado à minha amiga? Vamos definir um pouco mais o que quero dizer com “acesso”. Não era que eu estivesse me ressentindo da minha amiga ou mesmo da nossa amizade. Era que estava me ressentindo do que essa amizade estava fazendo comigo. Eu havia permitido que ela ocupasse um lugar tão proeminente no meu coração e na minha mente que suas palavras e ações tinham muito peso. Tanto que, quando ela agia de forma irresponsável com o que dizia ou fazia, isso realmente afetava o meu bem-estar. Isso acabou por me revelar que eu tinha algumas tendências codependentes que não havia percebido. Em outras palavras, se ela não estava bem comigo, eu tinha dificuldade em estar bem comigo mesma.

A proximidade que compartilhávamos começou a parecer insegura quando ela se mostrava ansiosa para me rotular de acordo com suas opiniões, em vez de realmente me ouvir e me ajudar a entender melhor o que estava acontecendo comigo. Comecei a sair de quase todas as conversas me sentindo mal julgada e incompreendida, assim como arrependida de compartilhar as minhas dificuldades com ela. Ela chamava isso de "me manter responsável por ser uma boa cristã", mas na terapia comecei a perceber que essa não era a verdadeira intenção dela. Na verdade, ela estava, me obrigando a fazer as coisas do jeito dela; do contrário, sua desaprovação ficaria clara não apenas para mim, mas também para os outros. E, no final, percebi que eu havia dado acesso demais a ela sem exigir dela o mesmo nível de responsabilidade.

Essa foi uma boa revelação. No entanto, apenas perceber isso não foi o suficiente. Precisei tomar uma atitude.

Então, como definimos e determinamos as responsabilidades sobre as quais temos tanto falado?

Enquanto eu tentava encontrar uma solução para isso, um amigo me enviou o seguinte versículo: "O amigo ama em todos os momentos, mas na adversidade nasce um irmão. O homem sem juízo se compromete com um aperto de mão e se torna fiador do seu próximo" (Provérbios 17.17-18).

À primeira vista, pensei que o versículo 17 falava apenas sobre como os amigos estão conosco nos bons momentos, mas uma relação de sangue está presente não importa se os tempos são bons ou ruins. No entanto, o que esse versículo também pode significar é que existem alguns amigos que estão com você tanto nos bons momentos quanto nas adversidades, a tal ponto que se tornam tão próximos quanto familiares.

Esse tipo de proximidade emocional nos encoraja a conceder grande acesso à outra pessoa. E isso não é ruim. No entanto, com tal proximidade ou acesso, é preciso entender o que cada pessoa necessita da outra para que o relacionamento continue mutuamente saudável e respeitoso. É a isso que me refiro quando digo que precisamos que o nível de responsabilidade de alguém corresponda ao nível de acesso. É preciso comunicar o que a faz se sentir respeitada ou desrespeitada; segura ou insegura; saudável ou não saudável. A sua definição a respeito disso determina o que você precisa das pessoas mais próximas a você.

Para mim, isso requer:

- confiança;
- sinceridade;
- transparência;
- ternura; e
- uma abordagem em equipe pela qual possamos responsabilizar uns aos outros ao mesmo tempo que mantemos a proximidade.

Use essa lista para ajudar a pensar o que acesso responsável significa para você.

Depois de elaborar isso para mim mesma, concluo que o que teria ajudado com a amiga que mencionei é se ela tivesse sido mais transparente sobre as próprias dificuldades. Se ela tivesse compartilhado os problemas dela em vez de apenas me criticar, poderia ter aberto caminho para mais ternura nas nossas conversas. Poderíamos ter nos sentido mais como duas amigas, ambas com dificuldades, ajudando uma à outra, sem condenação.

Agora, vamos voltar ao trecho de Provérbios 17 e nos concentrar no versículo 18. À primeira vista, ele parece estar desconectado e possivelmente contrário ao versículo 17. Como se diz que é preciso estar presente "em todos os momentos", até que a sua amiga esteja em uma situação financeira difícil e você precise assinar o empréstimo do carro dela, daí você foge. Mas essa não é uma contradição severa... nem se trata apenas de finanças. O exemplo aqui é sobre um compromisso financeiro, mas podemos aplicar esse princípio a outras questões de igual importância. As pessoas na cultura bíblica se identificariam muito com o risco irresponsável de assumir a dívida financeira de outra pessoa em detrimento próprio ou da família.

Derek Kidner, um respeitado estudioso do Antigo Testamento, apontou que os versículos 17 e 18 trabalham juntos. É compreensível

Relacionamentos saudáveis requerem limites saudáveis.

querer ajudar um amigo próximo, mas não é sábio se recusar a aplicar responsabilidade e razão a esse relacionamento. Caso contrário, isso se tornar potencialmente "uma confiança cega que pode levar o destinatário à imprudência, e ambos à ruína".[2]

Preste atenção na fraseologia no versículo 18: "O homem sem juízo se compromete com um aperto de mão e se torna fiador do seu próximo".

A expressão "sem juízo" ou "confiança cega", como mencionado anteriormente, não aborda apenas a pessoa insensata. Também se refere a uma pessoa que é sábia, mas não está sendo sábia em um relacionamento específico. Falta-lhe aplicar um bom julgamento, o que pode acontecer com todas nós, especialmente quando as nossas emoções estão profundamente comprometidas em um relacionamento. "Embora às vezes possa ser muito difícil dizer 'não' para pessoas que necessitam de ajuda, um acordo imprudente continua sendo um acordo imprudente, mesmo que seja difícil recusar-se a se envolver".[3]

Da mesma forma, permitir acesso imprudente continua sendo imprudente, mesmo que seja difícil estabelecer um limite.

Portanto, o que eu realmente quero que levemos daqui é como exigir responsabilidade apropriada e aplicar a razão é crucial em todos os nossos relacionamentos. Não podemos deixar a razão de fora. Devemos aplicar a razão aos nossos relacionamentos. E então poderemos cultivar relacionamentos responsáveis.

E não é isso o que todos queremos? Bons relacionamentos requerem limites saudáveis. No capítulo seguinte, descobriremos que limites saudáveis implicam consequências apropriadas. Trata-se de buscar o bem para você, para mim e para todos os nossos relacionamentos. Agora, se você me der licença, vou ligar para o meu eletricista.

---

2. Kidner, Derek. Proverbs: **An Introduction and Commentary**. Tyndale Old Testament Commentaries 17. Downers Grove, IL: InterVarsity Press, 1964. p. 118.

3. "Provérbios 17:18, REV Bible Commentary," REV Bible. Disponível em: https://www.revisedenglishversion.com/Proverbs/chapter17/18. Acesso em: 26 fev. 2025.

Uma nota do Jim sobre como identificar a disfunção

1. É importante ser capaz de olhar honestamente para a disfunção atual. Muitas vezes, é útil ter um conselheiro ou outra pessoa sábia para ajudá-la a ver o que você consegue enxergar ou identificar por conta própria. Provérbios 20.5 diz: "Os propósitos do coração do homem são águas profundas, mas quem tem entendimento os traz à tona".

2. Às vezes, você precisará explorar a dinâmica da sua família de origem, as suas experiências de infância e outras coisas mais. Isso inclui avaliar tanto os fatos quanto o impacto da sua história de vida. Lembre-se de identificar, e não culpar, qualquer pessoa que tenha estado envolvida no seu passado. Um lugar seguro para fazer isso é com um conselheiro profissional que saiba como ajudá-la a entender melhor de que maneira as regras com as quais você cresceu e os papéis que você foi obrigada a desempenhar a afetaram e podem levá-la a considerar normais algumas coisas que são disfuncionais.

3. Considere as seguintes perguntas:
   — De que forma estou desalinhada com o que eu *quero* que seja verdade sobre a minha vida e sobre o que *realmente* é verdade?
   — De que forma estou carregando uma carga incomum de estresse relacional na minha vida? (Pense em quando a sua boca diz sim, mas o seu corpo ou a sua capacidade emocional diz não.)
   — Estou tentando entorpecer a dor relacional na minha vida?

> — Sinto necessidade de encobrir ou minimizar os comportamentos de alguém na minha família porque é assim que costumamos agir?
> — De que forma na minha vida estou desalinhada com os meus valores pessoais?

É hora de aplicar o que aprendemos...

RECORDE:

- Os relacionamentos muitas vezes terminam não por causa das conversas que aconteceram, mas sim pelas conversas que eram necessárias, mas nunca aconteceram.
- As distorções da realidade alimentam as disfunções.
- Quando a verdade é manipulada, negada ou parcialmente omitida para encobrir comportamentos que deveriam ser tratados, as disfunções podem não apenas ser difíceis, mas se tornar destrutivas.
- Precisamos que o nível de responsabilidade de uma pessoa corresponda a seu nível de acesso.
- Relacionamentos saudáveis requerem limites saudáveis.

RECEBA:

> O amigo ama em todos os momentos, mas na adversidade nasce um irmão. O homem sem juízo se compromete com um aperto de mão
> e se torna fiador do seu próximo. (Provérbios 17.17-18)

REFLITA:

- Ao ler este capítulo, quais conversas lhe vieram à mente que você talvez precise iniciar com as pessoas que fazem parte da sua vida? Não tente iniciar todas as conversas ao mesmo tempo.

Priorize as três mais importantes que você sabe que devem acontecer quanto antes. Agende-as com um intervalo de tempo razoável entre elas para poder elaborar, orar e chegar a um bom ponto relacional.

- "Relacionamentos saudáveis requerem limites saudáveis." Liste alguns limites saudáveis que você já colocou em vigor nos seus relacionamentos.

ORAÇÃO:

Deus, ajude-me a não evitar nem me tornar à disfunção que pode estar presente em alguns dos meus relacionamentos. Mesmo quando identificar, abordar ou confrontar a disfunção possa parecer esmagador ou até impossível, lembre-me de que não estou sozinha. O Senhor está comigo. Dê-me coragem para ter as conversas necessárias. Dê-me sabedoria e discernimento para permanecer sensível o suficiente em dar às pessoas certas o acesso certo, e ao mesmo tempo firme o suficiente para reduzir o acesso que dei às pessoas que não são responsáveis ou dignas da minha confiança. Em nome de Jesus, amém.

Capítulo 4

Deus leva as violações de limites muito a sério e devemos fazer o mesmo

Às vezes, os limites funcionam. Às vezes, não.

Vou admitir coisas das quais não tenho muito orgulho. Às vezes, os meus limites não funcionam. E a culpa é minha. Veja por quê:

- Fiquei mais preocupada em atender às necessidades das outras pessoas a ponto de não saber sempre o que eu mesma precisava. Lembro-me de que, em uma das piores traições que já sofri, abracei a pessoa e disse que as necessidades dela naquele momento eram o mais importante. E então fui para o banheiro e hiperventilei.
- Recompensei pessoas por desrespeitarem os meus limites. Uma frase clássica que usei: "Mas não foi isso o que

quiseram dizer. Vou me esforçar para amá-las mais, e as coisas vão melhorar".

- Insinuo que estou estabelecendo um limite em vez de declará-lo abertamente. Se eu não estiver convencida dos meus limites e de como é tóxico alguém me levar além dos meus limites, serei fraca ao comunicar isso. Se eu não levar a sério a necessidade de determinado limite, não posso esperar que as outras pessoas me levem a sério o suficiente para respeitá-lo.
- Erroneamente acredito que, quando alguém se afasta de mim, é uma indicação de que estou fazendo algo errado. Não gosto do drama e das complicações que podem surgir quando estabeleço um limite e a outra pessoa continua a me pedir coisas que não estão alinhadas a isso. Ou simplesmente ignoram esse limite. E, quando fazem isso, a minha tendência natural é assumir a culpa.
- Deixo-me levar a debates sobre limites. O meu conselheiro frequentemente me lembra: "Os adultos informam. As crianças explicam". Eu me esqueço disso. E, quando esqueço, sinto que preciso provar que não estou fazendo nada de errado ao estabelecer um limite. Às vezes, sou convencida pela outra pessoa de que o limite é o verdadeiro problema e que as coisas nunca vão melhorar enquanto o limite estiver vigente.
- Às vezes, não consigo encontrar forças para me manter firme com pessoas que conhecem a mim tanto quanto à pessoa com quem estabeleci um limite. Quando outras pessoas justificam ou minimizam o comportamento dessa terceira pessoa, manter o limite pode parecer duplamente difícil. Se os outros não se sentem pessoalmente ameaçados ou provocados pelo comportamento dessa pessoa, eles podem me acusar de exagerar na situação mais do que eu "deveria". Normalmente, são pessoas que se sentem um pouco incomodadas ou frustradas com o limite e prefeririam que eu ignorasse os problemas em questão em vez de abordá-los. Isso pode acontecer muito nas festas de fim de ano, quando a sua família quer que todos se reúnam, mas você tem um limite necessário com alguém cujo

comportamento não está mais disposta a tolerar. Ou pode acontecer no trabalho, quando se espera que você "deixe de lado questões pessoais", mas às vezes questões profissionais se cruzam com violações pessoais.

No topo de tudo isso, às vezes a minha disposição emocional também influencia a minha resistência em manter limites. Sou inclinada a querer paz. Quero que todos estejam calmos, felizes e estáveis. Qualquer coisa que pareça perturbar a paz me incomoda. Assim, se alguém está irritado ou bravo ou até agindo de uma forma que me faz duvidar dos meus limites, posso sentir-me tentada a ceder, a deixar os limites de lado, a esquecer as consequências e a reestabelecer o nível de acesso de alguém sem me lembrar da necessidade de que essa pessoa seja responsável. É como se eu tivesse uma amnésia temporária e começasse a pensar que é o *limite* que está dificultando a paz, em vez de lembrar que ele é a única chance que temos de recuperá-la.

Confie em mim quanto a isso. Se alguém está exigindo que você deixe de lado um limite ou se está tentando seduzi-la e convencê-la de que o limite não é mais necessário, tome cuidado. Pessoas que são genuínas e honestas não ficam insistindo em convencê-la de que são boas pessoas. Provérbios 31.30 nos lembra que "a beleza é enganosa".

Sei de tudo isso. E, ainda assim, às vezes posso querer tanto que as coisas melhorem que procuro reformular a realidade, convencendo a mim mesma de que a pessoa mudou quando isso nunca ocorreu de fato. A minha confusão, a minha exaustão ou a minha compaixão pode me fazer querer ceder.

Mesmo quando a realidade da vida grita não. Mesmo quando sei que estou voltando atrás e não deveria fazê-lo. Mesmo quando isso me machuca. Mesmo quando é prejudicial para mim. Mesmo quando, com base em experiências passadas, sei que dizer sim a curto prazo causará dinâmicas extremamente difíceis a longo prazo.

Ainda assim, eu me pego cedendo.

E, quando cedo, o limite que me esforcei tanto para estabelecer se transforma em nada mais do que uma sugestão passiva ou uma ameaça que nunca tive a intenção de cumprir. Arre! Então, não me sinto apenas frustrada pela falta de respeito da outra pessoa; sinto-me duplamente frustrada pela minha própria incapacidade de respeitar a mim mesma.

Quando permitimos que um limite seja violado, o comportamento inadequado é validado.

Este é o ciclo da *definição de limites tóxicos*: sei que uma mudança é necessária. Estabeleço um limite com uma consequência. Mas se a minha motivação é controlar, manipular ou punir a outra pessoa, já estou me preparando para o fracasso. E, mesmo que o meu limite tenha a motivação certa para controlar melhor a mim mesma, se não houver consequências estabelecidas para as violações de limite, nunca conseguirei aplicá-las. Assim, o limite é violado. Não aplico as consequências. O limite é violado novamente. Fico irritada, mas novamente não aplico as consequências. A outra pessoa continua pressionando. Quero acreditar que será melhor desta vez, então cedo e deixo o limite de lado. O comportamento inadequado não melhora e muitas vezes piora com o tempo. Os ressentimentos vão se acumulando no meu coração. Agora, não sinto apenas frustração, mas também raiva. Digo coisas que não deveria dizer. Faço coisas que normalmente não faria. Entro no ciclo enlouquecedor de tentar fazer a outra pessoa mudar e, por fim, a situação se torna tão exasperante que não apenas *cedo, mas desisto.*

E, no final, sinto-me um completo fracasso porque parece que não consegui fazer o limite funcionar. Ou simplesmente fico pensando mal da outra pessoa para sempre e a rotulo com palavras como *idiota, ridícula, cheia de si, louca, impossível, exagerada, exigente demais, sensível demais, esmagadora demais ou egoísta demais*. Cada pensamento futuro sobre ela é então baseado nas piores experiências que tivemos. Depois, fico incomodada quando o nome daquela pessoa é mencionado. Mordo a língua, mas por dentro há muitas coisas que poderiam vir à tona.

Nada disso é saudável. Nem para mim. Nem para a pessoa. Nem para os outros ao nosso redor. É quando podemos facilmente começar a acumular ressentimentos que, em algum momento, transbordarão. E, como já estabelecemos, a ausência de limites significa a presença de caos.

Quando permitimos que um limite seja violado, o comportamento inadequado é validado.

Então, como eu disse antes, às vezes os limites não funcionam, por culpa minha e pela minha própria abordagem. É importante que eu assuma isso e faça o trabalho duro de mudar a maneira como penso sobre limites. E esse *é* um trabalho realmente árduo. É valioso, mas nada fácil de realizar. Se você se identifica com qualquer uma das situações citadas, concordo com você de que tudo isso é muito mais simples de ler do que realmente aplicar. É por esse motivo que, ao longo dessa jornada, precisamos lembrar que limites *saudáveis* têm origem em Deus e são modelados por Deus. Teremos muito mais confiança em como lidar com uma violação de limite quando sentirmos a validação dos exemplos de Deus.

Deus leva as violações de limites muito a sério. E devemos fazer o mesmo. Em Gênesis 2, vemos evidências de como os limites são importantes quando Deus deu a Adão e Eva o único limite de não comer do fruto da árvore do conhecimento do bem e do mal. Observe alguns fatos importantes nos quais devemos prestar atenção:

Os limites definem e protegem a liberdade. Quando Deus deu o limite, ele falou no contexto da liberdade. Não estava tentando ser cruel com Adão e Eva. Estava tentando proteger a liberdade deles. Deus disse a Adão: "Coma livremente de qualquer árvore do jardim" (Gênesis 2.16) antes de comunicar o limite em torno da única árvore que eles deveriam evitar. Deus também manteve sua comunicação muito simples. Definiu que eles eram livres para fazer uma coisa, mas não outra. Se você violar esse limite, haverá uma consequência.

O acesso requer responsabilidade. Lembre-se das três palavras que já discutimos: *acesso, responsabilidade e consequência.* Adão e Eva tinham grande acesso a Deus e ao jardim. E tinham uma grande responsabilidade que vinha junto com esse acesso. Em Gênesis 2.15,

Adão e Eva foram instruídos a cuidar do jardim: "O Senhor Deus tomou o homem e o pôs no jardim do Éden para cultivá-lo e guardá-lo". À primeira vista, podemos ler isso como se eles devessem ser jardineiros e cuidadores do jardim do Éden. Curiosamente, a mesma palavra *guardar* em hebraico, *samar,* também pode ser traduzida como "proteger" ou "cuidar". Ela também é usada para se referir aos sacerdotes que cuidavam do templo e o protegiam (Números 3.38; 18.7). Também é usada em referência aos guardas que ocupavam postos na torre de vigilância (Neemias 13.22). Isso nos ajuda a ver que Adão e Eva no jardim eram muito mais do que apenas "jardineiros". Eles eram guardiões e protetores do espaço sagrado que Deus lhes havia dado.[1]

O mesmo ocorre conosco. Devemos guardar e proteger o nosso coração e a nossa mente para garantir que o bem entre e que o mal fique de fora. Devemos guardar e proteger o nosso testemunho e garantir que a nossa vida produza o fruto do Espírito de Deus em nós. E devemos guardar e proteger o nosso chamado para amar a Deus e ao próximo. (Nota para mim: isso não significa amar a Deus e conceder acesso às pessoas.)

Limites quebrados trazem consequências. Quando Adão e Eva violaram o limite, houve consequências. E uma dessas consequências foi que Deus lhes reduziu o acesso e os retirou do jardim. Eles não foram responsáveis com o acesso permitido, e por isso este foi drasticamente afetado. Não foram responsáveis com sua liberdade, então ela foi afetada. Não foram responsáveis com a única regra que Deus lhes havia dado. E por isso mais regras foram necessárias. Em Gênesis, vemos que Adão e Eva receberam um limite. Ao lermos sobre a Lei e os Profetas, encontramos centenas de limites que Deus estabeleceu para nós, pessoas "inflexíveis" (Êxodo 32.9, Deuteronômio 9.6; 2Reis 17.14; 2Crônicas 30.8; Neemias 9.16). Ele nos ama incondicionalmente e não tolerará o nosso pecado. Ambas as coisas são verdadeiras no que se refere a Deus e ambas podem ser verdadeiras no que se refere

1. Beale, G. K. **The Temple and the Church's Mission: A Biblical Theology of the Dwelling Place of God**, ed. D. A. Carson, New Studies in Biblical Theology 17. Downers Grove, IL: InterVarsity Press, 2004. p. 69.

aos nossos relacionamentos também. O Senhor é o Deus da graça, mas sua graça estava ali para levar as pessoas a um comportamento melhor, não para permitir comportamentos ruins. E o mesmo deve acontecer com a nossa graça também.

As consequências devem ser para proteção, não para o dano. Quando Adão e Eva foram expulsos do jardim, nunca mais foram autorizados a retornar. Na verdade, Deus colocou anjos na entrada para proteger o jardim e impedir o retorno deles. Embora isso possa parecer cruel ou severo demais, havia boas razões para que esse limite fosse tão firme quanto uma muralha. Se Adão e Eva tivessem permissão de voltar ao jardim, seriam tentados a comer novamente de outra árvore no meio do jardim, a chamada árvore da vida. A árvore da vida perpetuaria o estado deles por toda a eternidade. Quando Adão e Eva não tinham pecado, era maravilhoso. Mas, agora que tinham comido da árvore do conhecimento do bem e do mal, o pecado havia entrado, eles não eram mais perfeitos. Carregavam consigo as consequências do pecado. Estavam em processo de morte. Comer da árvore da vida nesse estado teria perpetuado o pecado, a depravação, a decadência e, portanto, a separação eterna de Deus. Assim, Deus não apenas limitou, mas, na verdade, impediu Adão e Eva de terem acesso ao jardim e à árvore da vida para protegê-los, e não para ser cruel com eles. Foi a severidade da violação do limite que exigiu a severidade da consequência.

Falaremos mais sobre isso em capítulos posteriores. Mas é importante ter em mente que a consequência deve servir para proteger você e, se possível, o relacionamento, e não para causar mais dano. Adão e Eva sofreram a consequência imposta por Deus, mas ele não os abandonou, como veremos em breve.

Devemos lembrar por que precisamos do limite para que possamos preservá-lo e manter sua proteção no lugar. Demorou muito para eu perceber que, cada vez que estabeleço um limite e depois abro exceções para mantê-lo, o ciclo de caos volta a me absorver. Se eu não estava disposta a aceitar o comportamento que me levou a estabelecer o limite antes de tudo, ficarei ainda mais incomodada quando ele ressurgir.

Imagine uma bola de praia sendo mantida debaixo d'água. Quando a força externa de mantê-la sob controle na água é liberada, a bola não apenas flutua para a superfície, ela explode. Essa é uma boa imagem que o meu conselheiro, Jim, descreveu para mim enquanto eu tentava entender tudo isso. As chances são de que, sem um limite, a menos que mudanças saudáveis significativas tenham sido feitas por parte da outra pessoa, a disfunção retornará e possivelmente até explodirá na superfície.

Mudanças saudáveis em alguém não podem ser medidas apenas pelas palavras ditas. Deve haver evidências de pensamentos mudados, hábitos mudados, comportamentos mudados, reações mudadas e padrões de conduta mudados e demonstrados consistentemente durante um longo período. Quanto tempo? O tempo que for necessário.

Deixe-me compartilhar mais uma imagem que pode ajudar você a perceber o que muitas vezes sentimos em relacionamentos desafiadores, mas temos dificuldade de expressar em palavras. Mudar um comportamento externo sem mudar a questão interna que está motivando o comportamento é como pintar uma casa cuja fundação está desmoronando. Ao ser avistada de longe na rua, a casa pode parecer impressionante. Mas, se você tentar viver naquela habitação, não apenas será algo incômodo, mas com o tempo pode ser muito perigoso.

Há alguns meses, Brooke e Nick (a minha filha mais nova e seu marido) estavam procurando uma casa em um bairro encantador com casas antigas cheias de charme e apelo visual. Se a pessoa estivesse disposta a trabalhar um pouco nelas e investir em reformas, as casas tinham um grande potencial. O problema era que muitos casais jovens estavam atraídos pela região, mas havia pouquíssimas casas à venda. Várias casas foram vendidas poucas horas após serem anunciadas. Como Brooke e Nick ainda não tinham se mudado para aquela cidade, perderam algumas casas que eram mesmo muito boas porque não conseguiram chegar a tempo. Então, mudaram de tática e decidiram fazer uma oferta na próxima casa atraente logo depois de verem as fotos online.

Alguns dias depois, um adorável bangalô foi colocado à venda. Eu estava com eles quando as fotos apareceram em um *site* de imóveis, e a casa parecia incrível. O charme do lugar nos atraiu instantaneamente, e o preço era surpreendentemente acessível. Por fora, tudo era absolutamente incrível, com o tipo de materiais que fazem parte dos sonhos da nossa primeira casa!

Todos concordamos que era necessário fazer uma oferta se eles quisessem ter chances de comprar a casa. Brooke e Nick ligaram para o corretor, fizeram a oferta e planejamos ver a casa no dia seguinte. Ficamos bem desapontados quando não recebemos notícias dos vendedores até chegarmos à casa menos de vinte e quatro horas depois. E não era bom que estivesse chovendo muito, então não foi possível passar tempo admirando o quintal. Mas eu os incentivei dizendo que visitar uma casa na chuva é, na verdade, uma boa coisa, pois, se houver problemas de vazamentos, é melhor que sejam vistos antes de a casa ser comprada!

Nunca uma afirmação foi mais verdadeira do que quando descemos para o porão daquela casa adorável. Nunca vi tanta água jorrando das paredes do porão como vi naquele dia. Estamos falando de água jorrando, e era possível ficar embaixo de qualquer uma das goteiras para lavar o cabelo e o cachorro ao mesmo tempo. Na verdade, havia tanta água que uma família inteira, mais seus cães e avós, poderia se esbaldar com a água daquele porão.

Brooke e Nick rapidamente rescindiram a oferta. Não havia encanto externo que compensasse os problemas de fundação que precisavam ser consertados por dentro. A pintura estava boa, mas poderia ser uma máscara para esconder sérios problemas subjacentes.

Da mesma forma, comportamentos mudados são bons, a menos que sejam uma atuação temporária com uma recaída à espreita. Como mencionei antes, Provérbios 31.30 nos adverte de que “a beleza é enganosa”. É tão fácil ficar encantado a ponto de deixar um limite para trás. Podemos ter alguns dias bons ou até alguns meses bons, em que parece que as coisas estão melhores. Mas lembre-se de ser honesta sobre o que realmente está acontecendo. Não continue a justificar padrões de comportamento negativos ou destrutivos ou viciosos, como se fossem apenas escorregões ocasionais e erros isolados. Há algo mais profundo acontecendo no pensamento e no processamento fundamental de alguém que machuca você com suas más escolhas repetidamente. "As coisas estão melhores" não é o mesmo que "as coisas estão curadas".

Se deixarmos os nossos limites de lado muito cedo, tentar ressuscitá-los quando o caos retornar se tornará cada vez mais desafiador. E a carga constante de emoções devastadoras se tornará cada vez mais tóxica. Tentar salvar um relacionamento justificando limites é como tentar salvar uma casa com um porão alagado fazendo mais e mais buracos na fundação.

Pergunte-me como eu sei disso. Pergunte-me quantas noites eu chorei até dormir, sentindo o peso impossível de querer que a outra pessoa cooperasse com os limites necessários apenas para vê-los serem violados repetidamente.

Às vezes, leva muito tempo para reconhecer a realidade. E certamente foi isso o que aconteceu comigo em alguns relacionamentos. Ser leal e esperar que as coisas melhorem não é um traço ruim até que a esperança frustrada comece a afligir o nosso coração (Provérbios 13.12).

Postei esta pergunta no Instagram uma noite dessas: "Por que preciso literalmente ver o fogo para saber que estou em um incêndio se a fumaça seria suficiente para isso?". Se há fumaça, há fogo. Se as ações de alguém em relação a mim estão me machucando, elas estão me machucando. Se é preocupante, é preocupante. Se está errado, está errado. E devemos estar dispostas a conceder graças para os erros. Mas, se os problemas persistem e são constantemente prejudiciais, devemos reconhecê-los e agir em conformidade. Não é que não queiramos orar e ter esperança e desejar mudanças positivas na vida da outra pessoa. O que não queremos é nos comprometer tanto com a saúde delas que negligenciamos a nossa própria.

Sei que já disse isso antes e provavelmente direi muitas outras vezes (principalmente porque preciso pregar isso para o meu lado

Poliana[2] muitas vezes!): estabelecer limites saudáveis é lutar pelo relacionamento. É para o bem dos outros e para o meu próprio bem! Não ajuda nada afrouxar os meus limites e permitir que os outros machuquem o relacionamento e a mim. Não honro a Jesus quando dou permissão para que outra pessoa atue de maneiras que Jesus nunca agiria.

Sim, Jesus deu sua vida pelos pecadores, mas não para que eles continuassem a pecar. Foi com um propósito santo de levar à plenitude, à cura e à salvação daquelas almas. Jesus não era permissivo com as pessoas. Jesus não implorava às pessoas por atenção. Jesus não admitia justificativas para o pecado nem deixava as pessoas escaparem porque eram boas na maior parte do tempo. Não, ele ordenou que elas abandonassem a vida de pecado. (A mulher a quem ele perdoou e resgatou de ser apedrejada em João 8). Ele acusou os fariseus por suas atitudes severas, degradantes e críticas. (Aqueles que esconderam seu próprio pecado ao mesmo tempo que queriam apedrejar a mulher pecadora, também em João 8). Ele disse ao jovem rico para desistir do que o controlava e o impedia (Mateus 19). Jesus preservava sua necessidade de estar sozinho com o Pai, mesmo quando as multidões tinham necessidades e exigiam sua presença (Lucas 5).

E o mais revelador de tudo é que, embora Jesus tivesse compaixão por todas as pessoas e oferecesse salvação a todos, aqueles que rejeitassem seu dom e se recusassem a reconhecê-lo como seu Salvador não entrariam no céu. Mais uma demonstração de que o acesso requer responsabilidade. Negar a responsabilidade implica uma consequência. Isso é estabelecido dessa forma por razões santas e honoráveis.

Então, se estabelecemos um limite e alguém diz que não estamos "agindo como Jesus", podemos certamente examinar a nós mesmas, o nosso tom de voz, as nossas palavras e as nossas ações. Contudo, lembre-se de considerar a fonte dessa afirmação. O problema não é o limite, mas sim o fato de a outra pessoa não o respeitar.

---

2. Poliana é um clássico da literatura infanto-juvenil cuja personagem principal procura ver o lado positivo de todas as coisas aplicando o "jogo do contente". [N. do. T.]

Jesus deu sua vida pelos pecadores, mas não para que eles continuassem a pecar.

Antes de fecharmos este capítulo, quero falar com ternura ao seu coração. Só você e eu. Você vai conseguir. E eu também. Mas vai ficar difícil. Muito difícil. Gostaria de estar ao seu lado, sussurrando no seu ouvido um discurso motivacional sobre limites na próxima vez que alguém a machucar e tentar fazer que você pareça a louca da história. E gostaria que você fizesse o mesmo por mim quando eu precisar ser lembrada dessas verdades, porque certamente precisarei que repitam para mim essas mesmas palavras que escrevi.

Há apenas algumas noites, eu gostaria de ter feito uma pequena chamada de vídeo com você. Eu estava chorando. Uma dessas choradeiras fortes que deixa os olhos inchados no dia seguinte. Eu tinha tanta esperança de que uma conversa com alguém com quem havia estabelecido limites fosse boa. Os limites pareciam ter funcionado. Eu queria ter mais interação com aquela pessoa. Mantive-me firme por tanto tempo, e ela parecia ter sido tão sincera em sua promessa de que havia mudado. Ela também se comprometeu a ser gentil e a ouvir sem me atacar se eu estivesse disposta a ter uma conversa cara a cara. Então, concordei.

E levou cerca de trinta minutos para eu perceber que havia cometido um erro.

Fiquei chocada ao ver como as coisas começaram bem, mas rapidamente se tornaram horríveis.

Senti-me muito tola.

Senti-me assustada.

Senti-me perdida em toda a confusão causada pelas acusações contra mim e suas pomposas declarações sobre quanto Deus estava com ela e que ela estava orando pelo meu coração frio.

Nenhum outro ser humano com quem convivo diariamente concordaria com o que aquela pessoa dizia sobre mim, mas as palavras dela ainda tinham tanto peso que cada sílaba atingiu o meu coração como uma adaga.

Então veio aquele momento em que pensei: *Sou uma idiota. Limites não funcionam*. Contudo, algo incrível aconteceu. Embora eu estivesse tremendo por dentro, não me rebaixei ao nível de retribuir ódio por ódio. Ou acusação por acusação. Em vez disso, disse que o que ela estava fazendo não era aceitável e eu não permitiria mais que viesse à minha casa até que o comportamento tóxico deixasse de acontecer.

E funcionou.

Não, ela não mudou de imediato.

Não, ela não reconheceu que o que estava fazendo não era saudável.

Não, ela não se desculpou ou reconheceu como suas ações estavam me machucando.

Mas ela foi embora. E embora eu tenha chorado muito depois, percebi que em nenhum momento perdi o controle de mim mesma durante o confronto. E isso foi uma grande vitória.

Não sou um fracasso no que se refere a limites. Você também não é. Estamos em processo. E esse, minha amiga, é um dos lugares mais saudáveis para estarmos. Lembre-se, limites não vão consertar a outra pessoa, mas vão ajudar você a se manter focada no que é bom, no que é aceitável e no que é necessário para você permanecer saudável e segura.

Não consigo estar aí para sussurrar tudo isso no seu ouvido. Mas com certeza serei a amiga que entende na próxima vez em que nos encontrarmos para tentarmos entender melhor tudo isso. Te amo...

Uma nota do Jim sobre a diferença entre limites saudáveis e limites tóxicos

Vamos dedicar um tempo para analisar diferentes motivações, mentalidades, abordagens e possíveis resultados de limites saudáveis e de limites tóxicos.

Limites não vão consertar a outra pessoa, mas vão ajudar você a se manter focada no que é bom, no que é aceitável e no que é necessário para você permanecer saudável e segura.

Limites saudáveis = O meu foco está naquilo que eu faço

Motivação → autocontrole

Mentalidade → Sou responsável pelas minhas ações.

- Gerencio o *meu* comportamento.
- Assumo as ações que eu escolho.

Abordagem → Foco no meu autocuidado, segurança, sanidade e outras coisas que posso controlar na minha vida.

Resultado → Aceito que sou impotente para controlar outras pessoas. Em vez disso, uso a minha energia para limitar interações com pessoas difíceis, me afastar de relacionamentos destrutivos e buscar tratar bem as pessoas que merecem o melhor de mim.

Limites tóxicos = O meu foco está no que a outra pessoa faz

Motivação → Controlar ou punir a outra pessoa para conseguir aquilo de que preciso.

Mentalidade → Quero que os outros façam algo diferente do que estão fazendo.

- Tenho que mudar o comportamento das outras pessoas. Ou sou responsável por ajudar a controlar o comportamento delas.
- Assumo as ações que elas escolhem.

Abordagem → Estou hiperfocada na outra pessoa enquanto constantemente negocio e tento motivá-la (às vezes manipulá-la) a fazer o que considero certo e conseguir dela o que sinto que preciso.

Resultado → Um ciclo frustrante de tentar gerenciar as disfunções inadministráveis até ficar completamente esgotada, doente e amargurada. Os relacionamentos não são mais uma fonte de satisfação e realização, mas sim um constante desgaste das emoções sempre à flor da pele.

Formas como isso pode se desenrolar em cenários cotidianos:

Cenário: Alguém do seu grupo de amigas está postando coisas nas redes sociais que realmente incomodam você.

Limite tóxico: Digo a essa pessoa que, se ela não parar de postar aquelas mensagens, começarei a debater com ela nos comentários e a postar coisas nas minhas redes sociais que a corrijam publicamente.

Limite saudável: Posso, com amor, mencionar as minhas preocupações, mas não ultrapassar o limite de tentar controlar o que essa pessoa posta ou de envergonhá-la publicamente. Se ela continuar, posso silenciar a conta dela nas redes sociais. Esse pode ser um primeiro passo melhor do que deixar de segui-la, mas, se deixar de segui-la for mais apropriado, também posso fazer essa escolha.

Cenário: Há um desentendimento acirrado entre você e um familiar.

Limite tóxico: Reúno outras pessoas da minha convivência para convencer o familiar de que ele deve mudar suas atitudes e ações em relação a mim. Sinto que, se conseguir que um número suficiente de pessoas concorde comigo, então todos podemos pressioná-lo a concordar comigo.

Limite saudável: Foco no que posso fazer para controlar as minhas próprias emoções e as respostas a esse desentendimento. Se eu precisar entender melhor a situação com a ajuda de outras pessoas, posso escolher não me envolver em conversas que incentivem a minha espiral emocional. Discutir a situação com alguns conselheiros de confiança pode ser saudável. Conversar com alguém que só quer os detalhes picantes é calúnia e me levará a um poço de fofoca.

Cenário: Uma colega de trabalho mais uma vez pede que você complete uma tarefa que é urgente para ela devido à própria falta de planejamento.

Limite tóxico: Esforço-me demais esperando ser reconhecida pela minha colega como a heroína, enquanto digo a ela: "Vou te ajudar desta vez, mas se isso acontecer novamente, não vou intervir para te resgatar". (Mas a realidade é que você já tem um padrão de resgatar essa pessoa e provavelmente continuará agindo dessa forma.)

Limite saudável: Posso predeterminar qual será a minha resposta para não ser levada a tentar salvar a situação. Por exemplo, "Infelizmente, a minha agenda já está cheia, e assumi o compromisso pessoal de não sacrificar a minha família gerenciando um trabalho que não é meu". Para ajudar a evitar dúvidas na minha decisão, posso colocar o meu telefone no modo "não perturbe" nos finais de semana ou durante reuniões familiares para não ser acionada por e-mails de trabalho ou pedidos dessa pessoa.

Cenário: Alguém no meu grupinho da igreja recentemente traiu a minha confiança ao compartilhar algumas coisas que conversamos em confidência.

Limite tóxico: Sinto-me pressionada a comparecer ao encontro do meu grupo hoje à noite, mesmo estando emocionalmente ferida. Então, ligarei para a líder e direi que ela precisa garantir que o ambiente seja seguro para que eu possa ir, e insistirei que ela diga à pessoa que quebrou a minha confiança que não pode mais fazer isso.

Limite saudável: Posso abordar a dor em particular com a pessoa e informá-la de que farei uma pausa no nosso grupo por um tempo. Em vez de me sentir culpada, lembro-me de que é aceitável não comparecer a um evento ou reunião quando sinto que não é seguro estar na presença de alguém que me machucou ou minou a minha confiança.

É hora de aplicar o que aprendemos...

RECORDE:

- "Os adultos informam. As crianças explicam." — Jim Cress
- Quando permitimos que um limite seja violado, o comportamento inadequado é validado.
- A ausência de limites significa a presença de caos.
- O problema não é o limite, mas o fato de que a outra pessoa não o respeitará.
- Limites não vão consertar a outra pessoa, mas vão ajudá-la a se manter focada no que é bom, no que é aceitável e no que é necessário para você permanecer saudável e segura.

RECEBA:

A beleza é enganosa, e a formosura é passageira, mas a mulher que teme ao Senhor será elogiada. (Provérbios 31.30)

A esperança que se retarda deixa o coração doente, mas o anseio satisfeito é árvore de vida. (Provérbios 13.12)

REFLITA:

- Identifique uma ocasião em que você, sem saber, validou um comportamento inadequado ao permitir que um limite fosse violado. Olhando para trás, como você se sentiu e a que esse comportamento seu levou?

- Deixar os limites de lado muito cedo pode criar complicações e consequências difíceis. Quais são as razões pelas quais isso pode ser problemático nos seus relacionamentos?

ORAÇÃO:

Pai Celestial, agradeço por sua Palavra trazer verdades sobre como e por que estabelecer limites bíblicos. Por favor, continue a se revelar a mim enquanto aprendo, considero e elaboro alguns limites potencialmente necessários que posso precisar implementar na minha vida. Rogo para que o Senhor continue a trabalhar em mim e através de mim para que eu possa ser a versão mais saudável, mais inteira e totalmente entregue de mim mesma. Em nome de Jesus, amém.

Capítulo 5

Você já sabe fazer isso muito bem

Amo bons aromas. Carne assada na panela de pressão. As rosas do meu jardim. Um livro recém-impresso. Um antigo hinário. A grama recém-cortada. Três gotas de limão e duas gotas de lavanda no meu difusor de óleos. A minha vela favorita. Lençóis que ainda estão quentes da secadora. *Waffles* feitos em uma frigideira de ferro fundido. Uma loja de suprimentos de escritório bem organizada. (Uma desorganizada simplesmente não cheira tão bem. Acredite em mim.) O ar salobre da manhã na praia. Os meus netos cobertos de loção para bebês.

E, quando descubro um novo aroma que aprecio, é pura alegria para a minha alma. Isso me leva ao motivo pelo qual estou compartilhando tudo isso com você. Há alguns anos, recebi uma bolsa de presentes de uma igreja que me convidou para palestrar. Foi preparada com muito carinho. Eles imprimiram fotos da minha família do meu Instagram e incluíram algumas das minhas coisas favoritas, como garrafas de água com gás, sachês de manteiga de amêndoas e algumas bananas com talos verdes. Os talos verdes me fizeram sentir que "aquelas pessoas eram o meu tipo. Sabiam escolher a banana 'perfeita'!". Então, no fundo da bolsa, havia um frasco de *spray* corporal. Peguei e borrifei o ar na minha frente e instantaneamente soube que aquilo seria adicionado à minha lista de favoritos.

Gostei tanto que borrifei em mim várias vezes antes de sair para falar.

Durante meses, usei aquele novo *spray* corporal como o meu perfume e não tive vergonha de contar às pessoas sobre isso. Uma das pessoas que não apenas me ouviu falar sobre ele, mas também foi encorajada a comprá-lo, foi a minha amiga Lisa C. Certa manhã, ela estava no meu banheiro me ajudando a organizar as coisas enquanto eu havia saído para fazer algo importante. Ela pegou o tão falado *spray*, olhou mais de perto e imediatamente me enviou uma foto do frasco. "Lysa, é esse o *spray* de que você fala tanto e usa todos os dias?!".

Eu respondi: "Sim! Não é maravilhoso... (olhos de coração, olhos de coração, olhos de coração)?!".

Ela respondeu com vários emojis: "(garota com a mão sobre o rosto, rosto de surpresa com olhos arregalados, rosto com lágrimas de tanto rir) Pare de usar isso como perfume imediatamente!".

EU: "Por quê?"

LISA: "É spray de cocô!"

EU: "Quê?"

LISA: "É o spray que você usa para eliminar o odor de cocô no banheiro!!"

EU:................

Fiquei sem palavras. Por meses exalei o aroma de um banheiro em que evacuações impronunciáveis tinham acontecido e o *spray* havia sido borrifado. Não. Consigo. Acreditar.

Por favor, aceite as minhas mais sinceras desculpas se você fez parte da minha vida durante o infeliz período de escolhas daquele "perfume". E, para as almas mais gentis que me deram o *spray*, não consigo imaginar como foi constrangedor para vocês quando entrei na sala verde naquela noite, e vocês decidiram quem deveria me dizer que eu havia feito mau uso do presente. E então o momento ainda mais constrangedor quando vocês decidiram que era melhor deixar *pra* lá depois que eu falei e falei sobre o novo spray que me deram. Às vezes, sou muito sem noção!

Por mais boba que essa história seja, vejo em mim mesma algo em que preciso prestar atenção. Às vezes, coisas boas se tornam coisas ruins se usadas da maneira errada.

Spray de cocô que ajuda a eliminar odores de banheiro é uma coisa boa.

Spray de cocô que é mal utilizado como perfume, nem tanto.

Imagino que você já saiba disso. E agora eu também sei. Já estamos sintonizadas em usar muitas coisas na medida certa, da maneira certa e na hora certa. Sabemos que existem limites, e estamos bem no que se refere a respeitá-los a estabelecer fronteiras para garantir que não enfrentemos as consequências do uso indevido ou do abuso.

Por exemplo, entendemos que, quando o tanque de gasolina está quase vazio, não podemos simplesmente continuar dirigindo e ignorar o fato de que precisamos de gasolina, ou vamos acabar ficando paradas em um lugar. Então, mesmo que não tenhamos vontade de parar para abastecer, nós o fazemos. Além disso, entendemos que devemos usar o líquido certo para encher o tanque de gasolina. Sabemos que não podemos simplesmente despejar água no tanque e torcer para que tudo dê certo. Usamos gasolina da maneira certa e na hora certa.

Entendemos que, quando vamos à academia, existem pesos diferentes para diferentes níveis de força. Não temos capacidades ilimitadas de levantamento de peso, então é prudente reconhecer isso e treinar de acordo. Se tentarmos levantar um peso além da nossa capacidade, podemos nos machucar.

Entendemos que não seria prudente colocar um aviso no nosso jardim anunciando que a chave reserva está sob o capacho da porta da frente. Muitas pessoas são confiáveis, mas outras não. Muitas pessoas têm boas intenções, mas outras não. Sabemos disso, então tomamos precauções de segurança apropriadas ou corremos o risco de sermos roubadas ou prejudicadas.

E, como mencionado anteriormente, entendemos que não é prudente postar publicamente todas as nossas senhas de contas bancárias, redes sociais ou mesmo serviços de *streaming*. Temos consciência de que é sensato manter essas senhas em privado, ou corremos o risco de que outros tomem liberdades que poderiam nos frustrar ou nos envergonhar, na melhor das hipóteses, e nos devastar ou nos falir, na pior.

Você estabeleceu esses tipos de limites porque isso é sábio, não porque você é má, rude, indiferente, não cristã, egoísta ou insensível. Você é uma pessoa responsável. Quer ser uma boa administradora do que lhe foi confiado. Portanto, leva em conta a realidade em vez de pensar de forma ingênua. Reconhece e respeita o conceito de limites porque não gosta de como você age e reage quando é pressionada demais. E estabelece limites sabiamente quando as pessoas continuam pressionando para que você ultrapasse a sua capacidade. Quando as pessoas não respeitam os nossos limites, podemos nós mesmas estabelecer barreiras ou enfrentar as consequências.

Você já está estabelecendo alguns limites muito bem.

Então, por que entendemos limites com as nossas contas bancárias muito melhor do que com o nosso bem-estar emocional?

Acho que é porque não entendemos de verdade que temos limitações emocionais. Assim como as nossas contas podem ficar descobertas, as nossas emoções também podem. Assim como gastos que saem de controle podem levar uma pessoa à falência financeira, gastar demais emocionalmente pode arruinar o bem-estar de alguém.

Pensamos que podemos apenas continuar suportando. Ignorando. Navegando ao redor. Dando desculpas. Recontextualizando. Deixando adormecido para não ter que lidar com isso. Orando sobre isso. Preocupando-se com isso. Chorando sobre isso. Ignorando-se. Culpando-se. Envergonhando-se. E dando um milhão de indiretas sobre isso.

Quando as pessoas não respeitam os nossos limites, podemos nós mesmas estabelecer barreiras ou enfrentar as consequências.

Seja qual for a questão e quem quer que ela envolva, por favor saiba que há um custo enorme que você e eu provavelmente não estamos considerando: o trauma[1] que isso nos causa. Quando permitimos que as nossas emoções sejam mal utilizadas e abusadas, haverá consequências.

Às vezes, podemos nem mesmo conectar as consequências à situação estressante em que estamos envolvidas, como quando experimentamos dores de cabeça ou problemas estomacais inexplicáveis.

> [Em um estudo], pesquisadores acompanharam mais de cinco mil participantes na Alemanha durante dois anos e descobriram que, quanto maior o estresse na vida de uma pessoa, mais intensas e frequentes eram suas dores de cabeça. "O aumento do estresse resultou em um aumento na frequência das dores de cabeça para todos os subtipos de dor de cabeça", disse a líder do estudo, a dra. Sara Schramm, da Universidade de Duisburg-Essen, na Alemanha. "[Os] participantes com enxaqueca experimentaram mais estresse do que os participantes com dores de cabeça tensionais". Por outro lado, os participantes que relataram pouco estresse na vida tiveram poucas, se é que tiveram, dores de cabeça.[2]

Enfrentei consequências de maneiras bastante significativas. O que começou como uma sensação ruim sobre as escolhas que o meu então marido fazia se transformou em verdadeiros ataques de pânico. O medo de nunca saber a verdade cresceu a ponto de eu não querer sair da cama alguns dias. Uma sensação constante de apreensão crescia, e eu estava sempre me preparando para que mais um cenário catastrófico se tornasse realidade. Embora eu tentasse entender a dor que sentia, cada vez mais decepções eram reveladas. E provavelmente o mais tóxico de tudo era que ele me dizia que estávamos

---

1. Trauma: tanto o ato quanto o efeito de uma experiência profundamente angustiante ou perturbadora.
2. Wanjek, Christopher. "Stress Causes Headaches, Scientists Confirm", **LiveScience**, Feb 19, 2014. Disponível em: https://www.livescience.com/43507-stress-causes-headaches.html. Acesso em: 26 fev. 2025.

em um caminho de cura juntos, mas eu discernia e vivenciava uma realidade assustadoramente diferente.

Internamente, eu me sentia tão confusa, chocada e de coração partido que as consequências físicas foram grandes. Embora eu fosse uma pessoa muito saudável, acabei na UTI, lutando pela minha vida quando o meu cólon foi torcido de uma forma tão grave que a maior parte dele precisou ser removida. No ano seguinte, fui diagnosticada com câncer de mama, resultando em uma mastectomia dupla e alguns anos de cirurgias de reconstrução. Depois de um longo período de trabalho árduo com conselheiros e outros profissionais, pensei ter alcançado cura suficiente para que uma reconciliação honesta e duradoura fosse possível. E isso foi verdade, até que as mentiras e os vícios retornaram. A devastação dessa vez me atingiu em dobro ao perceber que os fatos que eu não podia mais ignorar significavam a morte de um casamento. Dentro de um mês, a minha parede abdominal se separou completamente, um buraco literalmente se formou no meu abdome, e acabei novamente na mesa de cirurgia.

Durante essa longa batalha tentando salvar o meu casamento, vários dos meus médicos me perguntaram sobre o meu nível de estresse emocional. O médico que fez a minha cirurgia no cólon disse que meus órgãos estavam tão fora do lugar que parecia que eu havia sido atropelada por um ônibus. Quando assegurei a ele que eu não tinha sofrido nenhum tipo de acidente, ele notou que o trauma era evidente e não deveria ser ignorado.

O que aconteceu comigo durante os últimos sete anos do meu casamento não foi apenas difícil. Quase me matou. Acredito que havia uma conexão entre o trauma emocional e as consequências físicas resultantes. Por favor, saiba que não estou dizendo que todos nós vamos sofrer doenças ameaçadoras se um relacionamento se tornar desafiador. Contudo, estou encorajando você a prestar atenção em como situações emocionais devastadoras podem machucar mais do que apenas os seus sentimentos.

Quando você está sofrendo por causa de escolhas que a afetam, mas sobre as quais não tem controle, é hora de começar a identificar o que realmente está acontecendo. Ou é uma situação de uso indevido do acesso de alguém sobre você ou uma situação de abuso da influência sobre você. E muitas vezes, são as duas situações ao mesmo tempo.

Um exemplo de uso indevido do acesso de alguém é trazer para o seu ambiente coisas que a fazem se sentir desconfortável, insegura ou ameaçada. Pode ser beber, fumar, usar linguagem ofensiva, ouvir ou assistir a música ou filmes inadequados. Pode ser fofocar, julgar ou ser excessivamente agressiva em relação às opiniões políticas, sociais e religiosas ou teorias da conspiração de alguém. Esta não é uma lista completa, mas, se essas coisas ecoam em seu senso de bem-estar emocional, devem ser abordadas.

Alguns outros exemplos de abuso do acesso são quando as pessoas fazem coisas desorientadoras, prejudiciais, degradantes ou simplesmente perigosas com você. Considere as seguintes perguntas:

- Quando você fala sobre o seu relacionamento, exagera nas pequenas "coisas boas" e suprime as coisas difíceis/ruins?
- Você está passando por abuso, mas tem medo nomeá-lo? (Se a resposta for sim, procure ajuda imediatamente de um profissional capacitado.)
- Já percebeu que a outra pessoa está mentindo para você, mas, quando você faz perguntas, ela fica na defensiva e brava? Ela faz você se sentir como se fosse a louca da história?
- Quando você vê uma chamada ou uma mensagem de texto dela, teme que ela vá roubar a sua paz e fazê-la entrar em uma espiral emocional?
- Você está apaixonada pelo potencial da pessoa em vez de por quem ela é neste momento?
- Em conflitos com essa pessoa, você frequentemente precisa assumir a responsabilidade por tudo, enquanto ela resiste em assumir a responsabilidade por qualquer coisa?
- Você questiona o seu valor ou a sua sanidade depois de passar um tempo com essa pessoa?
- Você está constantemente pisando em ovos porque tem medo de que uma má decisão da sua parte faça que a outra

pessoa se afaste? Ou pior, teme que ela sempre use aquela única coisa contra você, assim justificando fazer ou dizer o que quiser?

- Você se sente incapaz de compartilhar os sucessos empolgantes da sua vida com essa pessoa por medo de que ela não celebre ou, pior, a ataque ou a menospreze?
- Você passa mais tempo tentando salvar o relacionamento do que desfrutando dele?
- Você teme as escolhas da outra pessoa?
- Ela resiste em mudar um comportamento mesmo sabendo que isso está machucando você?
- Você sofre mais do que a outra pessoa por causa do que ela faz?
- O que as pessoas sábias da sua vida, que amam você, que se interessam pela sua vida e que têm um bom histórico de dar conselhos úteis, dizem sobre esse relacionamento?
- Você está disposta a ouvir essas pessoas ou dá desculpas sobre por que elas estão erradas?
- Você tem orgulho de estar com essa pessoa? E, mais importante, ela é respeitosa e se orgulha de estar com você?
- O nível de amor que você recebe dessa pessoa parece aumentar e diminuir com base no que você faz ou não faz por ela?

Nenhuma dessas perguntas tem a intenção de envergonhar ou culpar a outra pessoa. Mas elas nos ajudam a reconhecer e possivelmente identificar algumas áreas potenciais de preocupação.

Para resumir, quero compartilhar uma citação de Gary Thomas. Em seu livro **When to Walk Away** [Quando se afastar], ele diz: "Se alguém interfere no seu caminho de modo a impedir que você seja a pessoa que Deus quer que você seja ou frustra a obra que Deus reservou para a sua vida; então, para você, essa pessoa é tóxica".[3]

Quando falamos sobre relacionamentos tóxicos e pessoas difíceis, há uma ampla gama do que isso pode significar. Há uma diferença

---

3. Thomas, Gary L. **When to Walk Away: Finding Freedom from Toxic People**. Grand Rapids, MI: Zondervan, 2019. p. 13.

entre relacionamentos difíceis, que têm questões que precisam ser trabalhadas, e relacionamentos destrutivos, que causam danos aos indivíduos e aos outros ao redor.

Se você deu a alguém acesso às suas emoções e essa pessoa é irresponsável e não considera como suas ações afetam você, preste atenção. Você saberá pelo nível de ansiedade que surge quando ela está por perto. A pessoa que parte o seu coração continuamente não está em condições de cuidar dele adequadamente.

O nosso corpo foi criado para reagir a situações alarmantes. Isso está programado geneticamente em nós. Existe uma parte do cérebro chamada sistema límbico que nos ajuda a ignorar a parte analítica do nosso cérebro e nos coloca em modo de luta, fuga ou paralisia. Quando as pessoas viviam na época dos tigres-dentes-de-sabre, teria sido prejudicial para alguém permanecer na postura analítica sobre o que fazer enquanto o tigre mostrava os dentes e se aproximava cada vez mais. Em vez disso, seu corpo recebia uma dose extra de energia para reagir e conseguir sair dali.

Hoje, a maioria de nós não lida com tigres grandes e incomuns nos perseguindo. Mas estamos lidando com a descarga de energia que vem quando nos alarmamos por abusos e maus usos. Essa energia é a ansiedade. E essa ansiedade nos compele a fazer algo sobre as ações de quem está nos fazendo sentir que algo não está certo.

A ansiedade tem tido uma reputação muito negativa por tempo demais. Se nos dizem para não ficarmos ansiosos (Filipenses 4.6), é um conselho bíblico e bom. Contudo, lembre-se, o foco e o contexto deste versículo não têm por intenção nos envergonhar por estarmos ansiosos, mas sim nos lembrar de que o Senhor está perto e o que devemos fazer proativamente com os nossos pensamentos quando a ansiedade surge.

> Alegrem-se sempre no Senhor. Direi novamente: Alegrem-se! Que a amabilidade de vocês seja conhecida por todas as pessoas. Perto está o Senhor. Não andem ansiosos por coisa alguma, mas em tudo, por meio da oração e da súplica, com ação de graças, apresentem os seus pedidos a Deus. Então, a paz de Deus,

A pessoa que parte
o seu coração
continuamente não está
em condições de cuidar
dele adequadamente.

> que excede todo o entendimento, guardará o coração e os pensamentos de vocês em Cristo Jesus.
>
> Finalmente, irmãos, pensem em tudo o que for verdadeiro, tudo o que for digno de respeito, tudo o que for justo, tudo o que for puro, tudo o que for amável, tudo o que for de boa fama, em tudo o que houver alguma virtude ou algo de louvor. Ponham em prática tudo o que vocês aprenderam, receberam, ouviram e viram em mim; e o Deus da paz estará com vocês. (Filipenses 4.4-9)

Observe algo interessante: se você continuar lendo até Filipenses 4.10 e 4.14, Paulo diz que se alegrou muito com o fato de que seus amigos estavam "interessados" nele e que era bom que eles "participassem de [suas] tribulações". Então, quando conectamos esses versículos, parece que Paulo não está dizendo que não devemos nos preocupar ou que não devemos reconhecer os nossos problemas. E aprecio especialmente que ele não nos diz para ficarmos em silêncio sobre os nossos problemas. Às vezes, precisamos que os outros nos ajudem a entender e a atravessar as dificuldades que estamos enfrentando.

Contudo, o que Paulo nos ensina em Filipenses 4.4-9 é o que fazer quando a ansiedade é acionada em nós.

O sentimento de ansiedade é como um alarme nos despertando para nos lembrar de que o Senhor está perto, para que não precisemos reagir de forma exagerada; podemos deixar a paz de Deus proteger o nosso coração e a nossa mente e direcionar e filtrar intencionalmente os nossos pensamentos, levando em consideração o que continua sendo bom. E continuar colocando em prática esses bons princípios.

É compreensível que você e eu fiquemos ansiosas quando alguém utiliza mal ou abusa do acesso que concedemos. Mas precisamos deixar que essa ansiedade seja um alarme, e não um estado permanente.

Por exemplo, se você tem uma pequena empresa e começa a notar que o cartão de crédito corporativo tem algumas cobranças misteriosas sem os recibos correspondentes, provavelmente vai querer implementar mais responsabilidade para os funcionários que usam o cartão. Ou vai querer proibi-los de usar o cartão até que um sistema melhor de verificação de entradas e saídas possa ser implementado. A preocupação com as cobranças misteriosas serviu como um aviso de que era necessário implementar uma mudança.

Se você não implementasse o limite necessário com o cartão, a sua ansiedade poderia se transformar em animosidade, fazendo você desconfiar de todos os seus funcionários, possivelmente até fomentando essa desconfiança entre os demais.

Ou talvez você tenha uma melhor amiga a quem ama demais, mas ela tem exibido um padrão de prometer que fará algo e nunca cumpre. Até agora, foi com coisas menores que pareciam insignificantes demais para serem abordadas. Mas, quanto mais isso acontece, mais você começa a sentir que não pode realmente contar com ela e hesita em se comprometer a fazer coisas juntas. Então, ela pergunta se pode organizar um chá de bebê na sua casa para outra amiga em comum. Você quer dizer sim, mas teme que acabará carregando o peso de todo o encontro. Com base em experiências passadas, ela deixará detalhes importantes de lado, chegará atrasada e não providenciará metade da comida que as duas concordaram que ela traria. Você sabe que não tem capacidade emocional para lidar com tudo o que provavelmente pode acontecer neste chá, então toma a sábia decisão de dizer não. Diz que está disposta a contribuir de alguma forma, mas organizar a festa na sua casa exigiria um nível de responsabilidade da sua amiga que ela não demonstrou anteriormente quando você deu a ela esse tipo de acesso. Ao ser indagada pela sua amiga sobre o porquê de não querer oferecer o chá na sua casa, não é necessário dar muitas explicações nem ter uma enorme conversa sobre limites. Você pode simplesmente dizer que não tem condições no momento, agradecer a ela pela compreensão e se oferecer para ajudar de outras maneiras que não a sobrecarreguem.

Ou talvez haja um problema no seu casamento, e você queira ter uma conversa sincera e saudável com o seu cônjuge. Entretanto, com base em conversas anteriores que não foram bem-sucedidas, você tende a personalizar o que ele diz, e ele tende a trazer à tona as queixas do passado, fazendo que tudo se intensifique e desvie do assunto.

Então, você decide que, para continuar mantendo esse nível de acesso às preocupações delicadas do outro, é necessário estabelecer regras básicas para que cada um saiba como ser responsável e atencioso em relação ao outro. Você pode dizer: "Para que possamos continuar nesta conversa, precisamos concordar em não nos atacarmos, não levantarmos a voz, não nos colocarmos na defensiva e não trazermos outras queixas ou assuntos que não estejam relacionados à discussão em questão. Se isso ocorrer, precisaremos interromper a conversa e tentar novamente em outro momento. Para o bem de ambos, não estou disposta a prosseguir em uma conversa que se tornará dolorosa".

Como eu disse antes, a pessoa que nos causa ansiedade no nosso relacionamento deve começar a ser mais responsável, ou então devemos reduzir o acesso. Se alguém não está disposto ou não consegue parar de abusar do acesso pessoal que lhe concedemos, devemos mudar o acesso dessa pessoa a fim de que este corresponda a seu nível de responsabilidade.

Mas como?

Observe cinco fatores para ajudar você a estabelecer limites saudáveis:

1. UM LIMITE NÃO SERVE PARA CONTROLAR AS AÇÕES DAS OUTRAS PESSOAS

O objetivo de um limite é ajudar você a manter o autocontrole e a segurança. Uma amiga minha disse outro dia: "Pensei que estava estabelecendo um limite, mas, na verdade, estava apenas tentando controlar a situação forçando a outra pessoa a mudar". Se o seu foco é tentar mudar a outra pessoa, você rapidamente perceberá que os limites não funcionam. É hora de mudar o foco para o que você pode controlar com o seu limite:

- O seu ambiente
- O que você está, e o que não está, disposta a tolerar
- O que precisa, e o que não precisa, dar

O seu limite deve ajudar a criar um ambiente para que as suas emoções permaneçam mais controladas, para que você possa recuperar a sensação de segurança e se sentir mais capacitada a fazer as mudanças necessárias.

2. A GRAÇA TEM UM LUGAR NESTA CONVERSA

Podemos ser graciosas na forma como falamos sobre as nossas preocupações, a nossa necessidade de um limite e as consequências caso o limite seja violado. O meu conselheiro, Jim, sempre repete: "Diga o que você quer dizer, pense no que diz e não diga de forma cruel". Lembre-se, um limite provavelmente significará uma mudança nesse relacionamento tanto para você quanto para a outra pessoa. Não há problema algum que os outros façam perguntas e talvez queiram saber o prazo de validade desse limite. Podemos ser graciosas ao informar à outra pessoa e responder a quaisquer perguntas que sejam razoáveis e apropriadas. Outra afirmação útil que Jim me ensinou ao ter uma conversa potencialmente desafiadora é: "Seja curiosa, não furiosa". Você pode achar útil fazer perguntas sobre as preocupações da outra pessoa em vez de fazer suposições e acusações. Novamente digo que não queremos nos explicar nem debater demais a nossa necessidade desse limite. Mas podemos ser graciosas na nossa comunicação sobre ele.

Decida com antecedência e possivelmente até escreva o que você dirá. Vamos olhar alguns roteiros juntas, mas, como regra geral, tento começar com empatia e reconhecer algo positivo sobre a outra pessoa antes de abordar o que deve mudar.

Há muitos versículos bíblicos que podem ser úteis em uma situação como essa, mas dois dos meus favoritos repito para o meu eu frustrado com tanta frequência que já os memorizei. Provérbios 15.1 diz: "A resposta calma desvia a fúria, mas a palavra ríspida desperta a ira". E Colossenses 4.6 diz: "O seu falar seja sempre agradável e temperado com sal, para que saibam como responder a cada um". Isso não significa não dizer as coisas difíceis ou deixar de estabelecer limites.

Significa, sim, reconhecer que queremos a resolução de conflitos em vez de seu escalonamento.

3. OS LIMITES AJUDAM VOCÊ A LUTAR PELO RELACIONAMENTO

Os limites são para o seu bem e para o bem dos outros, a fim de que você não tenha que continuar lutando contra comportamentos, atitudes e padrões não saudáveis. Se não estabelecermos um limite, prepararemos o terreno para ressentimentos latentes. Afundar nas frustrações de saber que as coisas precisam mudar, ou tentar fazer a outra pessoa mudar, é muito mais prejudicial do que ter uma conversa sobre limites. Sim, os limites podem parecer arriscados. Mas é um risco muito maior adiar ou recusar-se a ter as conversas necessárias.

4. UM LIMITE SEM UMA CONSEQUÊNCIA REAL NUNCA SERÁ LEVADO A SÉRIO

Precisamos considerar as consequências para os limites não cumpridos com sabedoria e lógica. Um limite apresentado como um desejo esperançoso nada mais é do que uma sugestão fraca. E um limite apresentado como uma ameaça só causará mais danos. Se não pudermos ou não quisermos seguir em frente com uma consequência, então a outra pessoa acabará deixando de respeitar o que temos a dizer e ignorará todas as futuras tentativas de limites. Descobri que é muito útil pensar antecipadamente nas consequências e elaborá-las com o meu conselheiro ou com amigos sábios. Observe algumas maneiras como tento estruturar as minhas consequências:

- Evite usar as palavras *sempre* e *nunca* ou qualquer outra linguagem de extremos.
- Lembre-se de que você está estabelecendo um limite a favor do relacionamento, não contra ele. Não se trata de uma

acusação contra a outra pessoa. É simplesmente um reajuste do acesso dessa pessoa para que corresponda ao nível de responsabilidade demonstrado no relacionamento.

- A consequência deve ser uma afirmação, não uma pergunta. Você não precisa pedir permissão para implementar um limite ou as consequências que o acompanham.
- A consequência pode ser discutida, mas não precisa ser justificada ou explicada. Pessoalmente, isso é difícil para mim. Tendo a querer me explicar demais até o ponto que a outra pessoa precisa aprovar por que eu preciso daquele limite. Então, às vezes, devo falar diretamente, mas não de forma severa, para lembrar a mim mesma: *Lysa, você está apenas informando, não debatendo a validade daquilo de que necessita.*

Frequentemente, as pessoas que mais precisam de limites são as que menos os respeitam. Não se surpreenda nem seja pega desprevenida. Você pode corresponder com bondade a essa frustração e até mesmo com empatia pela raiva da outra pessoa. Contudo, veja isso como uma afirmação de que você está fazendo a coisa certa. Mantenha-se firme e declare as consequências com dignidade e respeito.

5. CONSIDERE COMO ESSE LIMITE BENEFICIARÁ VOCÊ

Às vezes, sentimos a dor de estabelecer um limite, e isso pode nos fazer esquecer os bons motivos pelos quais o estabelecemos. No item 3, falamos sobre como os limites são benéficos para ambas as partes no relacionamento. Portanto, vamos nos lembrar de que também há o benefício do que um limite fará por nós. Estamos assumindo a responsabilidade de manter a nossa própria sanidade, segurança e serenidade. Não somos responsáveis pelas escolhas da outra pessoa, mas somos responsáveis pelas nossas ações e reações.

Lembre-se, você estabelece limites para deixar de se sentir frustrada e impotente e para poder chegar a um lugar mais saudável. É importante que você pense nos aspectos positivos de estabelecer limites e ensaie como afirmá-los claramente de antemão a partir de um lugar de força, para que, se as coisas se tornarem difíceis e emocionais, você não desista. Será desafiador se você precisar aplicar as consequências, mas, se você já fez as pazes com todo esse processo, não ficará tão confusa e frustrada. Chegar a um lugar melhor é bom, mesmo que não pareça assim a princípio.

Vamos abordar esse assunto com mais detalhes no capítulo seguinte, mas, antes de encerramos este aqui, quero deixar para vocês alguns bons pontos de partidas para conversas necessárias sobre limites:

> "Percebo que você se importa muito com política e com questões que te apaixonam. Obrigada por querer compartilhar todos os seus pensamentos comigo. Mas nesse momento preciso proteger o meu coração da intensidade que às vezes pode surgir nesse tipo de discussão. Obrigada por entender que, se a conversa sobre certos assuntos ficar muito acalorada, precisarei redirecioná-la para assuntos menos provocativos ou será necessário apertar o botão de pausa".
>
> "Amo você e me importo contigo. E, ao mesmo tempo, há alguns comportamentos que estão me obrigando a fazer mudanças no nosso relacionamento. Quando você ___________ [descreva o comportamento inaceitável, abuso de substâncias ou vício] na minha presença, isso me afeta de maneiras que não estou mais disposta a aceitar. Isso não é uma acusação ou julgamento contra você. Você é adulto, e as suas escolhas são exclusivamente suas. Isso tudo aqui sou eu sendo proativa quanto ao meu bem-estar e fazendo escolhas sábias para mim. Portanto, peço que não use mais essas substâncias [ou descreva outro comportamento não saudável] perto de mim ou na minha casa. Se você não puder concordar com esses parâmetros, precisaremos limitar as nossas interações e não poderei mais receber a sua visita na minha casa. Digo isso porque me importo não apenas com o meu bem-estar, mas também em manter o nosso relacionamento em um lugar mais sustentável".

Um limite sem uma consequência real nunca será levado a sério.

"Muito obrigada pela sua consideração. Embora o meu coração sempre queira dizer sim às oportunidades, a realidade me exige dizer não. Mais uma vez, estou honrada por você ter pensado em mim e espero que o seu ________________ [descreva a atividade para a qual você foi convidada a participar ou o favor que a pessoa lhe pediu] ocorra incrivelmente bem. Obrigada por entender e, como sempre, estou torcendo por você".

"Quero falar com você hoje não para debater suas escolhas, mas para informar que não é mais sustentável para mim permanecer no mesmo tipo de relacionamento com você. Essa não é uma acusação contra você. Estou apenas aceitando a realidade de que essa questão está me afetando mental e fisicamente, e é hora de reconhecer e fazer algumas mudanças necessárias. Estou comprometida a cuidar bem de mim. Portanto, decidi parar de pedir que você mude e, em vez disso, vou criar uma distância entre nós para que ressentimentos latentes não dominem o nosso relacionamento. Isso não é fácil, mas é necessário. Se você quiser continuar trabalhando no nosso relacionamento, estou disposta a fazê-lo, desde que as nossas interações ocorram somente na presença do meu conselheiro".

"Obrigada por estar disposta a falar sobre alguns desafios que temos enfrentado no nosso relacionamento. Vamos manter esta conversa calma e amigável. Se as coisas escalonarem para gritos, culpas ou palavras dolorosas, vou me retirar e precisaremos retomar em outro momento".

Esses roteiros são apenas alguns exemplos que você pode ajustar para que funcionem no seu caso. E, certamente, reconheço que os emaranhados de emoções difíceis, dores do passado, traumas presentes e muitas outras nuances desafiadoras tornarão essas comunicações sobre limites mais complicadas na vida real. No entanto, precisamos estabelecer como objetivo não nos deixarmos levar pela comunicação excessiva, justificativas e explicações exaustivas, arriscando desistir de buscar dinâmicas de relacionamento mais saudáveis.

Agora, antes de encerrarmos, vou apresentar mais um roteiro para você usar caso uma certa autora chamada Lysa se aproxime de você com um certo *spray* usado de uma maneira um tanto infeliz.

> "Estou tão feliz que você tenha gostado do nosso presente. E, honestamente, gosto tanto da fragrância que li as letras miúdas e descobri que o *spray* é, de fato, apenas para o banheiro! Quer dizer, ele cheira tão bem que entendo o desejo de usá-lo como um desodorante para o corpo, mas não se deixe levar pela tentação. Muitas pessoas têm esse produto em seus banheiros, então não queremos que você cheire a eliminador de odor de cocô durante o dia. E, a propósito, seu cabelo está realmente fabuloso ultimamente!".

Uma nota do Jim sobre o sistema límbico

Desregulação é quando um gatilho externo faz você ativar o seu sistema límbico (modo de luta, fuga ou paralisia), que é uma resposta física automática a uma ameaça percebida.

O sistema límbico é essencial para cenários em que precisamos estar em alerta máximo, como se o nosso filho saísse correndo no meio de uma avenida expressa. É óbvio que a segurança física da criança precisa ser priorizada e sabemos que devemos resgatá-la do perigo. A ansiedade diminui quando uma ação apropriada restabelece a sensação de segurança. O problema surge quando o sistema límbico nos diz que a situação não é segura, e não sabemos o que fazer.

Se você está em um relacionamento prestes a ter uma conversa durante a qual é bastante provável que o sistema límbico seja ativado, planeje com antecedência como vai responder. Podemos nos preparar em tempos de segurança para que sejamos fortes em tempos de insegurança. Quando nos sentimos impotentes, podemos confiar em limites pré-planejados e ensaiados.

Dicas úteis para quando um gatilho for acionado:

- Você pode ser honesta ao dizer que está sentindo um gatilho ser acionado e que é melhor fazer uma pausa. É sábio evitar tentar continuar uma conversa quando se está tomada pela ansiedade.
- Movimente o seu corpo.
- Beba água e espere 20 minutos para que o seu córtex pré-frontal (a parte "pensante" do seu cérebro) retome os pensamentos lógicos.
- Se você disser algo de que se arrepende, seja gentil consigo mesma. Não se critique. Diga: "Sou humana. Conhecendo a minha história, a minha resposta fez sentido. Ofereço compaixão a mim mesma e assumo a responsabilidade pelas minhas ações e reações. E, se precisar pedir perdão à pessoa que machuquei, eu o farei".

É hora de aplicar o que aprendemos...

RECORDE:

- Quando as pessoas não respeitam os nossos limites, podemos nós mesmas estabelecer barreiras ou enfrentar consequências.
- A pessoa que parte o seu coração continuamente não está em condições de cuidar dele adequadamente.
- Se o seu foco é tentar mudar a outra pessoa, você rapidamente perceberá que os limites não funcionam.
- "Diga o que você quer dizer, pense no que diz e não diga de forma cruel" — Jim Cress

- Muitas vezes, as pessoas que mais precisam de limites são as que menos os respeitam.
- Um limite sem uma consequência real nunca será levado a sério.

RECEBA:

A resposta calma desvia a fúria, mas a palavra ríspida desperta a ira. (Provérbios 15.1)

O seu falar seja sempre agradável e temperado com sal, para que saibam como responder a cada um. (Colossenses 4.6)

REFLITA:

- Nas suas próprias palavras, por que limites saudáveis são tão benéficos para o seu bem-estar?
- Que pensamentos vêm à sua mente quando você lê: "Os limites são para o seu bem e para o bem dos outros, para que você não precise continuar lutando contra comportamentos, atitudes e padrões não saudáveis"?

ORAÇÃO:

Deus, às vezes discutir limites é realmente difícil. Mesmo sabendo que eles são necessários, é fácil para o meu coração começar a se sentir sobrecarregado. Oro por paz e coragem para que eu entenda como isso pode se manifestar na minha vida. Agradeço por me mostrar mais do Senhor pelas palavras que estou lendo. Confio no Senhor para me guiar, para que eu possa mostrar mais sabedoria e ter mais discernimento em todos os meus relacionamentos. Em nome de Jesus, amém.

Nota especial: Para conseguir mais ajuda em relação a limites e ao gerenciamento do seu tempo e horários, veja o meu livro *The Best Yes* [O melhor sim].

Capítulo 6

Talvez os outros nunca encarem os seus limites como algo bom

Era um daqueles dias em que eu precisava apenas me sentar lá fora e olhar para o céu. Eu repetia para mim mesma incessantemente: "O céu não está caindo. O céu não está caindo. O céu não está caindo". Sabia disso na parte lógica do meu cérebro. Mas, quando o *meu* mundo estava desmoronando, parecia muito que o mundo estava realmente caindo.

Eu queria dizer ao céu que ele estava mentindo para mim. Ele *estava* caindo. Eu apenas não conseguia ver. Quando você sente, mas não vê, acho que essa é a definição mais pura do medo.

A ansiedade corria dentro de mim. O meu peito apertava e se contorcia. Eu não conseguia parar de respirar acelerado. Isso tudo era a evidência de que eu precisava para saber que, apesar do que via na superfície, a implosão de um relacionamento estava acontecendo diante de mim.

Durante meses que antecederam aquele dia, continuei tentando controlar a minha ansiedade em relação aos indícios de que as coisas não estavam indo bem. Eu fazia tudo o que me aconselharam fazer quando senti que o pânico começava a tomar conta de mim. Obrigada, terapia. Depois de vários anos trabalhando com o meu conselheiro, eu sabia o sistema de cor. Beber pelo menos um copo de água. Fazer uma oração simples pedindo ajuda. Dar a mim mesma pelo menos 20 minutos para que a parte límbica do meu cérebro se acalmasse um pouco antes de tentar tomar decisões ou ter discussões difíceis. Sair para a rua, colocar os pés na grama e olhar para cima a fim de lembrar que o mundo ainda está girando. Fazer uma caminhada. Ouvir música que acalma e alimenta a minha alma. Tentar entender a situação com a ajuda de uma amiga sábia e segura que poderia me ajudar a ver o que estou deixando passar ou me assegurar de que não estou louca.

Todas essas coisas ajudam.

Mas, quando as solas dos meus pés começaram a ter manchas de grama permanentes, era hora de parar de tentar controlar a ansiedade e, em vez disso, investigar a origem.

Eu queria que as coisas estivessem bem. Queria calma.

Mas a calma parecia não me querer.

A calma é como regular um termostato do ar-condicionado na temperatura certa para manter uma casa fresca em um dia quente de verão. Contudo, se houver portas e janelas abertas deixando o calor entrar, você ainda sentirá os efeitos do calor externo. A tática errada seria ficar na janela, dizendo ao calor que ele não pode mais entrar na sua casa. A tática certa seria fechar as janelas e portas e deixar o ar-condicionado trabalhar até alcançar a temperatura que você deseja.

Eu queria calma, mas o dilema que vivia me causava muita ansiedade, pois eu não estava disposta a reconhecer de onde vinha o calor. Não queria dar tanta importância a algo que, em relação aos grandes projetos da minha vida, não parecia ser grande coisa. Não queria parecer "aquela garota" que é excessivamente dramática, mesquinha ou madura insuficiente em termos cristãos para simplesmente "ignorar uma ofensa". Mas eu havia ignorado essa ofensa tantas vezes, e a situação não mudava. A pessoa envolvida não morava na minha casa nem mesmo no meu estado, mas suas palavras carregavam tanto peso na minha vida, que apenas algumas declarações duras pareciam punhaladas nos lugares mais delicados do meu coração.

Quando essa pessoa estava em uma situação difícil, ela achava completamente aceitável perder a cabeça emocionalmente e me agredir verbalmente. Ou ela usava substâncias para se entorpecer a ponto de se desconectar completamente ou a ponto de não fazer sentido quando eu tentava conversar sobre o que estava acontecendo. Isso abria um precedente para que ela dissesse e fizesse coisas que normalmente não diria e não faria. Eu não podia prever o que seria o gatilho disparador. E, não importava quanto eu tentasse abordar a questão, nunca fazíamos um progresso positivo duradouro.

Essa pessoa não tinha ideia de quanto suas ações e reações afetavam o nosso relacionamento. Ela se recusava a reconhecer o impacto de tudo isso entre nós duas. Também é importante dizer que eu nem sempre acertava nas nossas conversas. Mas estava comprometida em fomentar um ambiente entre nós em que não gritássemos, deixássemos a outra pessoa falar sem interromper, não fizéssemos acusações e tivéssemos empatia uma pela outra.

Essa pessoa não via necessidade de adotar maneiras mais saudáveis de se comunicar. A forma como as coisas sempre tinham sido ainda era aceitável para ela. Mas isso estava me desgastando demais. As portas e janelas estavam abertas. O calor entrava, e eu continuava implorando para que ele não entrasse. Como se o calor pudesse, um dia, se levantar, sair da minha casa e, de repente, reconhecer o meu desejo passivo.

O calor que entra não é apenas desconfortável. Também pode ser prejudicial. No verão passado, olhei casas com a minha amiga Madi. (É um dos meus passatempos malucos ajudar pessoas a encontrar seu primeiro lar. Envolvo-me tanto que não é incomum usar uma lanterna na cabeça enquanto subo no sótão, olho embaixo da casa ou levanto as saídas de ar para ver se consigo perceber algo estranho. Sou como o Inspetor Bugiganga, exceto pelo fato de que basicamente não tenho habilidades legítimas.) Ficamos tão animadas quando uma casa com uma estrutura incrível e muito potencial apareceu à venda.

Precisávamos vê-la. E, quando chegamos, no minuto em que paramos em frente, sabíamos. Aquela seria a futura casa da Madi.

Entramos. A casa estava *cheia* de potencial. Mas também estava cheia de um mofo estranho. O ar-condicionado não era ligado há meses. O calor e a umidade simplesmente fizeram o que o calor e a umidade fazem. E era um problema maior do que o proprietário anterior pensou quando desligou o ar-condicionado. Não era apenas o calor. Era o que o calor constante faz quando é ignorado por muito tempo.

Entender que o calor não é apenas desconfortável, mas potencialmente prejudicial em certas situações, me ajudou a considerar algo importante. A passividade não funciona. O pensamento positivo não funciona. Deixar de encarar uma situação não significa tê-la sob controle, significa apenas evitá-la. E possivelmente isso acaba até mesmo permitindo um comportamento que não pode mais ser ignorado.

Eu ficava pensando: *Estou dando importância demais a isso? Quer dizer, essa não é uma situação que pode alterar a minha vida, certo?* Enquanto isso, a minha vida era alterada de forma absoluta. Observe as manchas de grama nos meus pés.

Então, o que estava acontecendo ali?

Eu fazia terapia há alguns anos quando comecei a sentir uma estranha lacuna não apenas nesse relacionamento, mas em alguns dos meus outros relacionamentos também. Eu estava tentando avançar em relação à cura. Estava aprendendo a lidar com os problemas. Estava crescendo. Creio que, de certa forma, eu poderia dizer que estava aprendendo a me tornar mais emocionalmente madura. Eu não estava fazendo isso tudo de forma perfeita, mas estava comprometida em me tornar cada vez mais saudável.

Como mencionei antes, algumas das pessoas próximas a mim estavam na mesma jornada de crescimento emocional e espiritual. Mas outras não estavam. E, à medida que eu continuava a buscar progresso ao longo do tempo, isso apenas expunha as grandes diferenças entre os nossos comportamentos saudáveis e prejudiciais. Começou a parecer que algumas pessoas na minha vida se sentiam cada vez mais ofendidas pelos meus esforços, cada vez mais frustradas com a minha definição do que era aceitável e do que não era mais aceitável, e cada vez mais resistentes a lidar com essas questões.

Por favor, preste atenção quando digo isso. Eu não me sentia melhor do que as pessoas que não buscavam crescimento emocional. Estava apenas tão desesperada para receber ajuda que finalmente passei a cuidar dos meus problemas. E, no processo, cresci, mas as outras pessoas não estavam na mesma trajetória. E passar por isso se tornava cada vez mais doloroso. Elas estavam confortáveis na disfunção. Eu não estava mais.

A minha amiga Candace me disse outro dia: "A sua cura trará à tona a imaturidade emocional das pessoas ao seu redor que não estão dispostas a buscar saúde para si mesmas".

No início, quando ela disse isso, inclinei a cabeça e pensei: *Não quero rotular ninguém como emocionalmente imaturo. Parece acusatório. Faz que eu me sinta como se estivesse dizendo que sou melhor do que eles*. Trabalhei tanto para chegar a um lugar mais saudável e tenho esperança de amadurecer emocionalmente. Passei anos convidando o meu conselheiro, os meus amigos próximos e familiares de confiança para me ajudar a estar mais consciente de atitudes não saudáveis, padrões de pensamento e formas de reagir que precisavam crescer e amadurecer em mim. Havia tanto que eu precisava aprender.

E houve muitos retrocessos, lágrimas e o retorno a velhas formas de pensar e reagir. Ter a sua vida virada de cabeça para baixo é brutalmente devastador, mas pode ajudar você a se libertar de alguns problemas emocionais pouco saudáveis que precisam de atenção. Então, enquanto eu refletia sobre a afirmação de Candace, decidi que precisava entender isso melhor com graça e verdade. Quando a pessoa que eu estava sentindo que me agredia se recusava a participar de formas de comunicação mais saudáveis, eu não usava o termo "imaturidade emocional" como uma afirmação contra ela, mas sim como uma forma de nomear a tensão desconfortável que tinha surgido no nosso relacionamento, reconhecendo a lacuna e buscando descobrir o que fazer.

Se esse é o seu caso, não se surpreenda com a tensão causada pela pressão relacional. E, quando você decide estabelecer limites e a outra pessoa tenta rotulá-la de controladora, difícil ou não cooperativa, veja isso como um elogio. Sim, você leu certo, veja como um elogio. São pessoas frustradas porque você não está mais disposta a participar dos padrões não saudáveis do passado. Você decidiu elevar as suas ações e palavras a níveis mais altos de maturidade. E, se alguém escolhe não se juntar a você, haverá uma grande tensão. Em todo vínculo existem padrões de relacionamento. Se você mudar o padrão e a outra pessoa não estiver de acordo com a mudança, haverá comoção.

Existe tensão porque você está fazendo o trabalho difícil de não mais cooperar com a disfunção.

Deixe essa última frase ressoar em você por um minuto.

Leia novamente. Medite sobre ela. Considere onde e com quem isso está acontecendo nos seus relacionamentos.

O meu conselheiro, Jim, sempre me lembra: "O que as pessoas não resolvem, elas externalizam". A recusa em tratar os problemas que impulsionam o comportamento dessas pessoas é uma escolha delas. Você não pode obrigá-las a fazer o que elas não estão dispostas. Você não precisa lutar contra isso. Concorde com isso e aceite. Lamente a recusa de alguém em continuar crescendo, mas não implore para que vejam os seus limites como algo bom, pois, para elas, isso não é possível.

A sua luz expõe algo dentro dessas pessoas que elas prefeririam manter oculto na escuridão. Portanto, é claro que isso é ofensivo para elas. É doloroso sentir-se exposto. É natural que rebatam, mas estão apenas tentando apagar a luz o mais rápido possível. Não é um ataque pessoal (embora certamente possa parecer extremamente pessoal às vezes). É uma tentativa da outra pessoa de proteger maneiras ilegítimas que atendem as suas necessidades legítimas.

Existe tensão porque você está fazendo o trabalho difícil de não mais cooperar com a disfunção.

Exemplos de como isso pode se manifestar variam, como fazer apostas em vez de manter um emprego regular, assistir à pornografia, fazer sexo fora do casamento, caluniar as pessoas que as intimidam, tentar superar as conquistas dos outros para provar que são melhores, gastar dinheiro que não têm, envergonhar e culpar os outros, abusar de substâncias, dizer coisas cruéis a respeito do outro, usar táticas manipuladoras para tentar manter o controle sobre terceiros, ou qualquer outra escolha não saudável que impacte negativamente o seu relacionamento. Você tem o direito de se preocupar. Às vezes, o problema é que você está mais preocupada com essas pessoas do que elas estão consigo mesmas. E é provável que você esteja muito mais ciente de como as ações delas afetam a sua vida, enquanto elas ou não estão cientes ou não se importam. Quando existe esse tipo de afeto desajustado, há algo que você precisa saber. Você nunca conseguirá permanecer onde está e elevá-las a um lugar mais maduro ou saudável. Elas têm que fazer o trabalho por conta própria.

Você já participou, na escola, de uma brincadeira em que dois alunos, com peso semelhante, testavam sua força de equilíbrio? Funciona assim: um aluno sobe em uma mesa, enquanto o outro se senta no chão. O desafio é ver quem consegue puxar o outro para o seu nível. O aluno em cima da mesa tenta erguer o colega sentado no chão, enquanto este tenta puxá-lo para baixo. O resultado? O aluno na mesa quase nunca consegue elevar o outro até seu nível, mas, na maioria das vezes, acaba sendo puxado e caindo ao chão.

A mesma coisa ocorre quando se trata de níveis de maturidade e saúde. A dificuldade não é apenas a tensão entre onde você está e onde os outros estão. O verdadeiro risco é que, quanto mais tempo você permanecer nessa tensão, maior será a possibilidade de ser derrubada. Lembre-se de que a nossa motivação é querer bem as pessoas e, para fazer isso, não podemos nos permitir chegar a um ponto tal de esgotamento emocional não saudável que isso não seja possível.

Quando você procura ter conversas honestas sobre os problemas em questão (não sobre a imaturidade emocional da outra pessoa), tendo o com cuidado amoroso como motivação, e é rejeitada ou atacada em resposta, o relacionamento precisa mudar. A pessoa madura tem a escolha de afundar com a outra, ou se elevar e permanecer firme em sua saúde. Obviamente, isso causará cada vez mais distância no relacionamento à medida que faz aumentar o abismo entre duas pessoas que estão em lugares emocionalmente diferentes.

Como eu já disse antes, a saúde não pode se unir à falta de saúde. A recusa em crescer e amadurecer emocionalmente é um grande indicativo de falta de saúde.

A Associação Norte-Americana de Psicologia define maturidade emocional como "um nível alto e apropriado de controle e expressão emocional".[1] A imaturidade emocional, por outro lado, é "uma tendência a expressar emoções sem restrição ou desproporcionalmente à situação".[2] Preste muita atenção nas palavras *sem restrição*. Quando alguém demonstra incapacidade constante de exercer restrições em suas emoções e ações, essa pessoa foi atrofiada em algum ponto de sua jornada para a maturidade. Se você já viu um adulto quase perder a cabeça e o caráter com um caixa de supermercado por causa de um cupom de dois reais, é bastante provável que essa pessoa regressou a uma idade entre 4 e 12 anos. Todos podemos regredir à idade que tínhamos quando um trauma aconteceu na infância e permanece não curado até hoje. É por isso que precisamos trabalhar essas questões e crescer a ponto de atingir uma maturidade que nos permita usar a restrição.

Pessoas maduras podem discordar, e ainda assim respeitar a sanidade da outra. Pessoas maduras estão dispostas a ver o impacto de suas ações sobre a outra pessoa e fazer ajustes razoáveis. Ou, se não estiverem dispostas a se ajustar, pelo menos comunicam sua relutância e reconhecem que o relacionamento precisa mudar significativamente. Fazem tudo isso sem acusar, abusar ou perder a razão.

É a imaturidade que cria o efeito de confusão, fazendo você duvidar da realidade, questionar o que é verdade e se desestabilizar a ponto de parar de abordar o que claramente precisa ser discutido.

---

1. **Dicionário de psicologia**, s.v. "maturidade emocional". Associação Norte-Americana de Psicologia. Disponível em: https://dictionary.apa.org/emotional-maturity. Acesso em: 26 fev. 2025.
2. **Dicionário de psicologia**, s.v. "imaturidade emocional". Associação Norte-Americana de Psicologia. Disponível em: https://dictionary.apa.org/emotional-immaturity. Acesso em: 26 fev. 2025.

A imaturidade da outra pessoa sempre será percebida por alguém maduro. Você pode não conseguir identificar muito bem o que é, mas se perguntará: "O que está acontecendo aqui?". A pessoa pode ser extremamente inteligente e bem-sucedida e até citar versículos bíblicos a torto e direito, mas pode carecer de maturidade emocional.

Isso não significa que devemos usar essa constatação para julgá-las ou depreciá-las. Lembre-se de que, se não fosse pela graça de Deus, poderíamos estar fazendo algumas dessas mesmas coisas. Não queremos endurecer o coração, ficar iradas ou desenvolver uma atitude de superioridade ao estabelecer limites. Devemos permanecer humildes e entregues a Jesus nesse processo. Portanto, deixe que tenham sua própria jornada e revelação. Seja sábia ao estabelecer e manter os seus limites e lembre-se de que você não precisa ficar no mesmo lugar em que a outra pessoa está. E use essas percepções para ajudar você a se tornar mais consciente de tudo o que está em jogo, para que você não continue se sentindo a louca e desconsiderando o seu discernimento.

Se eu fosse você neste momento, estaria tentada a dizer: "Agora espere um minuto, Lysa. A pessoa age de forma emocionalmente imatura às vezes. Mas em outras ocasiões temos grandes conversas e uma conexão real. É difícil e confuso quando às vezes vejo vislumbres de um grande potencial".

Irmã, o que você vê em vislumbres deveria ser o que você vê na maior parte do tempo. Se os vislumbres de bondade e potencial são o que a faz seguir adiante, então você acabará aceitando até mesmo coisas hostis como boas. Se você se sente tão grata pela menor cortesia, está depositando a sua esperança em nada mais do que o ar. Se os seus amigos acham que você está aceitando muito pouco e ao mesmo tempo você está se perguntando se está esperando demais, preste atenção nisso. E, se você está com medo de falar sobre tudo isso com os seus amigos seus sábios, não se trata apenas de um sinal vermelho; trata-se de um incêndio completo.

Se você sente que precisa trocar o melhor de si para proteger o pior do outro, não ignore esse sinal vermelho. Considere a lista a seguir para ajudá-la a identificar quando você pode estar em uma dança disfuncional com alguém que exemplifica a imaturidade emocional:

- Essa pessoa resiste a conversas necessárias ou as vira contra você. Por exemplo, quando você levanta um tópico que precisa ser abordado, a negação dessa pessoa sobre os problemas em questão e os fatos que os rodeiam faz você se sentir a pessoa louca.
- Essa pessoa recorre a mecanismos de enfrentamento não saudáveis quando tem um dia ruim ou uma conversa difícil.
- Essa pessoa carece de autoconsciência ou é insensível emocionalmente, e não consegue entender como as pessoas a percebem.
- Essa pessoa reage de forma desproporcional a uma conversa ou situação.
- Essa pessoa não reconhece a inadequação de suas expressões faciais, tom de voz ou o momento em que traz certas coisas à tona.
- Essa pessoa tende a não assumir nenhuma parte de um conflito, sempre dizendo algo como: "Mas você..." em resposta.
- Na maioria das vezes, essa pessoa carece de empatia nas situações e não considera como suas escolhas afetarão os outros.
- Essa pessoa não está disposta a honrar nem respeitar os limites comunicados.
- Essa pessoa não assume a responsabilidade por si mesma ou por suas ações e espera que você conserte as coisas.
- Essa pessoa se recusa a reconhecer que traumas não curados do passado, possivelmente até mesmo da infância, precisam ser trabalhados para que não sejam expressos de forma negativa.
- Essa pessoa reescreve a história para provar um ponto que serve apenas a ela ou à sua versão da verdade.
- A versão dela da realidade não é consistente com os fatos.
- A versão dela da verdade é o que a protege, e ela realmente não consegue discernir sobre o que é e o que não é engano.
- Essa pessoa deixa as emoções a dominarem e sabota o que deveria ter sido um momento bonito.

- Em vez de reconhecer ou confessar erros, essa pessoa varre tudo para debaixo do tapete e espera não ser pega.

Talvez você leia essa lista e pense que partes dela descrevem você. Eu entendo. Partes dessa lista também me descrevem. Mas pelo menos somos autoconscientes o suficiente para reconhecer aquilo em que ainda precisamos trabalhar! Se estamos progredindo rumo à maturidade emocional, não estamos presas na imaturidade. Vamos discutir isso mais a fundo no capítulo a seguir, mas, por ora, há mais uma coisa a observar.

Pessoas emocionalmente maduras não estão ansiosas para usar a lista acima contra outras pessoas. Então, continuemos a nos examinar e a enxergar o que precisamos enxergar. Reconhecer o que precisamos reconhecer. Sejamos conscientes do que precisamos ser dentro de nós e nos relacionamentos com os outros.

Se você se pegar pensando em alguns relacionamentos nos quais há evidências de imaturidade emocional, eu entendo. Não precisamos temer isso. E não precisamos continuar olhando para o céu, esperando que um pedaço dele finalmente caia. Precisamos levantar os olhos... de onde virá nosso socorro (Salmos 121.1-2).

Quando passei esse processo em um nível mais pessoal, comecei a me perguntar: *O que a Bíblia tem a dizer sobre a maturidade emocional?*

É importante que eu deixe a verdade me guiar e, sendo bem honesta, me dirigir um pouco. Porque o que me coloca em perigo é isso: a minha personalidade tende a ser mais passiva do que agressiva. Quero que as coisas se resolvam sozinhas e melhorem com o tempo. Então, existe a pressão que sinto como uma mulher cristã para dar a outra face, ser graciosa o tempo todo e fazer tudo o que posso para amenizar as situações. Mas, para ser bem sincera, reações excessivamente passivas não servem bem nem a mim nem aos outros. Embora a passividade possa parecer boa a princípio, se eu deixar a tensão da situação crescer e se intensificar, corro o risco de ficar tão exausta com as dinâmicas difíceis em jogo que começo a voltar a ter reações imaturas e padrões não saudáveis.

Uma das coisas que me surpreendeu ao estudar as Escrituras é a conexão entre as emoções e a sobriedade. Na maior parte do tempo, associamos sobriedade a simplesmente dizer não a substâncias que nos fazem perder o controle. Contudo, ter uma mente sóbria também pode ser uma instrução para não deixarmos as nossas emoções saírem do controle. Vejamos 1Pedro 5.8: "Sede sóbrios e vigilantes" (ARA).

Este versículo nos dá duas respostas que devemos ter em mente. Primeiro, sobriedade e, segundo, vigilância. A que Pedro se refere aqui? Ele se refere à ansiedade. No versículo 7, Pedro nos instrui a lançar "sobre ele [Deus] toda a sua ansiedade, porque ele cuida de vocês". E, então, na segunda metade do versículo 8, após "Sede sóbrios e vigilantes", há a continuação: "O diabo, vosso adversário, anda em derredor, como leão que ruge procurando alguém para devorar". Pedro nos diz o que fazer com a nossa ansiedade. Devemos lançá-la sobre o Senhor. E devemos estar alertas e sóbrias. Deus desempenha uma parte, e nós desempenhamos a nossa.

Pedro nos lembra de que, embora seja verdade que Deus quer que lhe entreguemos a nossa ansiedade, nós também temos a responsabilidade de manter a lucidez e prestar atenção no que afeta e desencadeia as nossas emoções. É aqui que percebo que nesta passagem não se usa a *passividade* para lidar com a ansiedade.

Não somos apenas incentivados a agir, somos ordenados a estar ativamente sóbrias e vigilantes.[3] De fato, ao estudar isso mais a fundo com o meu conselheiro, que tem sólida formação teológica, ele pontuou que a maturidade emocional também pode ser vista como sobriedade emocional nesse versículo.

Há uma intencionalidade necessária em ser sóbrio de espírito. A palavra *sóbrio* em grego é *νήφω* (*nēphō*), que significa ser "senhor de si, com lucidez e atenção no que se passa".[4] Um léxico grego diz que essa palavra significa "dominar a influência controladora

---

3. Elliott, John H. **1 Peter: A New Translation with Introduction and Commentary**, Anchor Bible vol. 37B. New Haven: Yale University Press, 2008. p. 853.

4. Ibid. p. 853.

das emoções ou dos desejos desordenados (e, portanto, tornar-se razoável); abster-se da influência do álcool".[5] Isso significa que ser sóbrio tem a ver com manter o controle sobre nós mesmas. Da mesma forma que, quando alguém bebe álcool em excesso, precisa "recuperar a sobriedade" para recuperar o controle; ser sóbrio de espírito significa recuperar o controle sobre as nossas ações e reações. Lembre-se de que temos um inimigo que não quer apenas nos tentar, mas quer nos devorar. Ele quer que as nossas ações e reações saiam do controle. E quer que os nossos pensamentos girem de forma desenfreada.

A palavra *vigilantes* em grego é γρηγορέω (grēgoreō) e significa estar alertas, despertas, atentas.[6] Em outras palavras, significa não estar adormecida, distraída, anestesiada ou qualquer outra coisa que nos impeça de estar alertas e conscientes. Nos tempos bíblicos, essa era a função da sentinela que ficava na torre de vigilância observando a área ao redor de uma cidade cercada por muralhas. Ele deveria permanecer vigilante e prestar atenção em qualquer perigo potencial. A maior ameaça para a sentinela poderia ser o momento em que ele começasse a cochilar, se distraísse ou deixasse de estar consciente, o que significava que não estava mais alerta.

Ambas as palavras, *sobriedade* e *vigilância*, alertam sobre a perda de controle. Pedro nos lembra da importância de desempenharmos um papel ativo na nossa vida enquanto lutamos contra o inimigo e suas diversas táticas para nos induzir à perda de autocontrole.

Como isso se relaciona com a necessidade de limites para alguém que demonstra imaturidade emocional ou falta de sobriedade emocional? No capítulo seguinte, apresentarei algumas maneiras práticas de estabelecer e comunicar limites saudáveis com pessoas pouco saudáveis.

---

5. BRANNAN, Rick (Ed.) **Lexham Research Lexicon of the Greek New Testament**, Lexham Research Lexicons. Bellingham, WA: Lexham Press, 2020.

6. MONTANARI, Franco. **The Brill Dictionary of Ancient Greek**, ed. Madeleine Goh and Chad Schroeder. Leiden: Brill, 2015.

Contudo, por enquanto, quero que você pegue um copo de água e o coloque em uma superfície plana à sua frente. Veja como o nível da água do lado esquerdo é igual ao nível da água do lado direito. A água busca seu próprio nível. Em outras palavras, quando você olha para um copo de água apoiado em uma superfície plana, a superfície da água é consistentemente plana desde o lado esquerdo até o lado direito. Nunca se viu um copo de água em uma superfície plana em que a água está mais baixa de um lado do que do outro. Assim como as forças gravitacionais ajudam a água a alcançar o equilíbrio, as pressões da vida deixarão evidente se há ou não equilíbrio em um relacionamento. O equilíbrio saudável em um relacionamento somente é possível quando ambas as pessoas estão igualmente comprometidas com as seguintes questões:

- hábitos saudáveis
- autoconsciência
- empatia pelos sentimentos da outra pessoa.

Quando uma pessoa se envolve em hábitos não saudáveis, quando se recusa a se olhar pela lente da realidade, ou quando deixa de considerar os sentimentos do outro, inicia-se uma tensão cada vez maior até que você afunde ao ponto em que ela está ou ela se eleve até você. Apenas você pode decidir como controlar essa tensão ou dizer "basta" e fazer mudanças. A minha esperança é que possamos fazer mudanças saudáveis em vez de deixar as coisas chegarem a um ponto em que a única escolha que temos é terminar o relacionamento.

Limites não são fáceis. Mas são melhores do que muitas outras realidades difíceis. E definitivamente são melhores do que ficar em pé na grama, olhando para o céu, absolutamente convencida de que pedaços dele estão prestes a cair.

O equilíbrio saudável
em um relacionamento
somente é possível
quando ambas as
pessoas estão igualmente
comprometidas com
as seguintes questões:
hábitos saudáveis,
autoconsciência e empatia
pelos sentimentos
da outra pessoa.

Uma nota do Jim sobre resistência aos limites

O que as pessoas não resolvem, elas externalizam. Quando alguém não resolve os problemas, fará que esses problemas se tornem os seus problemas, cara amiga.

Quando alguém tem um caos interno que não foi resolvido, muitas vezes criará um caos externo e apontará o dedo acusador. A culpa é uma tentativa de medicar a dor não curada. Portanto, quando você tenta estabelecer limites para se proteger do caos, a pessoa verá isso como um movimento extremamente ofensivo e tentará manipulá-la para que você se sinta culpada e acabe deixando o limite de lado.

Uma pessoa manipuladora nunca conheceu um limite que aprovasse! É provável que o manipulador tenha traumas não resolvidos ou feridas da infância que o tornam resistente a qualquer controle percebido.

Uma pessoa manipuladora verá seu limite como um sinal amarelo enquanto você pretendia que ela o visse como um sinal vermelho, com um ponto final, para garantir a sua segurança. Um manipulador passará intencionalmente pelo cruzamento a toda velocidade, arriscando qualquer dano que possa acontecer a si mesmo ou a você. Uma pessoa manipuladora fará *qualquer coisa* para resistir a se sentir controlada.

Se uma pessoa tem traumas de infância não resolvidos, quando alguém estabelece um limite para ela, é possível que ela reaja como se tivesse a mesma idade em que se sentiu insegura pela primeira vez. O limite que você vê como uma proteção para manter o relacionamento saudável, ela verá como uma rejeição pessoal.

É hora de aplicar o que aprendemos...

RECORDE:

- Ter a sua vida virada de cabeça para baixo é brutalmente devastador, mas pode ajudar a liberar algumas questões emocionalmente não saudáveis que precisam de atenção.
- Existe tensão porque você está fazendo o trabalho difícil de não mais cooperar com a disfunção.
- "O que as pessoas não resolvem, elas externalizam" — Jim Cress.
- Se você se sente tão grata pela menor cortesia, está depositando a sua esperança em nada mais do que o ar.
- Se você sente que precisa trocar o melhor de si para proteger o pior do outro, não ignore esse sinal vermelho.
- O equilíbrio saudável em um relacionamento somente é possível quando ambas as pessoas estão igualmente comprometidas com as seguintes questões: hábitos saudáveis, autoconsciência e empatia pelos sentimentos da outra pessoa.

RECEBA:

Levanto os meus olhos para os montes e pergunto:
"De onde me vem o socorro?".
O meu socorro vem do SENHOR,
que fez os céus e a terra.
(Salmos 121.1-2)

Estejam alertas e vigiem. (1Pedro 5.8)

Estejam vigilantes, mantenham-se firmes na fé,
sejam corajosos, sejam fortes. Façam tudo com amor.
(1Coríntios 16.13-14)

REFLITA:

- "A sua cura trará à tona a imaturidade emocional de pessoas ao seu redor que não estão dispostas a buscar saúde para si mesmas." Como você se identifica com isso?
- Quando você lê esta frase: "São pessoas frustradas porque você não está mais disposta a participar dos padrões não saudáveis do passado", que situações vêm à sua mente? Quais são alguns dos padrões não saudáveis em relacionamentos que você não está mais disposta a aceitar?
- Em que ocasiões você já sentiu que precisaria trocar o melhor de si para proteger o pior do outro?

ORAÇÃO:

Pai, esta jornada para a saúde e a plenitude não é em vão. Ajude-me a permanecer sóbria e vigilante. Peço a sua ajuda para que eu consiga deixar de aceitar comportamentos não saudáveis e padrões de relacionamento disfuncionais. Sei que não é fácil estabelecer limites, mas me ajude a fazer mudanças saudáveis. À medida que estabeleço limites necessários, por favor ajude-me a entender qualquer desapontamento que eu sentir no processo. Acredito que o Senhor tem coisas boas reservadas para mim. Em nome de Jesus, amém.

Capítulo 7

Só porque os outros dizem algo, não significa que você precisa aceitar

Em algum momento ao longo do caminho, adquiri uma forma de pensar da qual ainda estou me esforçando para me desvincular. Falarei sobre isso em seguida. Mas, primeiro, deixe-me compartilhar um pouco sobre a maneira como eu processo a vida, o que inicialmente me tornava a candidata perfeita para resistir a limites e vê-los como algo indelicado a ser firmado. Ainda me lembro de estar em uma sala de aula do ensino fundamental aprendendo a regra de ouro: "Trate os outros como você gostaria de ser tratada".

Não me lembro se estava na primeira ou na segunda série, mas recordo que o quadro-negro na sala de aula era enorme e o mural colorido à direita era impressionante. Uma citação na parte superior mudava diariamente e tinha como objetivo nos inspirar a levar a sério a nossa educação e o desenvolvimento do nosso caráter. Embaixo da citação havia uma lista de regras da classe, com a regra de ouro ocupando o lugar de destaque como a número um! Abaixo das regras estavam os nomes de todas as crianças da sala, organizados em fileiras arrumadas com três tiras de papel sob cada nome. Havia uma tira verde, uma amarela e uma vermelha. O objetivo de cada dia era manter o papel verde sob seu nome, o que significava que você era gentil, responsável e respeitosa com o professor e os seus colegas.

Se um aluno violasse aquelas diretrizes, o professor o chamava ao quadro para descolar o cartão verde e colocar o cartão amarelo em cima para que todos vissem. E, então, se um aluno com cartão amarelo ainda não conseguisse se comportar, deveria prender o temido cartão vermelho sob seu nome e seria enviado à diretoria.

Eu tinha muito medo dos cartões amarelo e vermelho. Não entendia que as regras eram para nos ajudar a aprender a ser humanos responsáveis. Essas regras evocavam em mim um grande medo de ser julgada como uma pessoa má.

Para mim, seguir as regras significava que eu seria conhecida como uma boa pessoa. E eu não queria apenas ser boa para que os outros me aceitassem. Sentia que precisava ser conhecida como uma boa pessoa para que eu mesma pudesse me aceitar. Claro, como criança, eu não tinha consciência para verbalizar nada disso, mas me lembro com absoluta clareza do temor que sentia ao ir para a escola na maioria dos dias.

Eu pensava que devia fazer tudo o que fosse possível para nunca ter um cartão amarelo ou vermelho anexado ao meu nome. Aqueles cartões, de forma errada, se tornaram uma definição de quem eu era como pessoa. Mas é aqui que as coisas ficaram realmente complicadas naquela sala de aula. Eu via crianças boas serem afetadas por algumas crianças não tão boas. Tornou-se um jogo para elas inventar coisas sobre as crianças boas e, em seguida, convencer o professor a chamar o aluno em questão ao quadro e virar seu cartão para amarelo. Algumas crianças viam isso como um jogo engraçado e sem importância. Eu tive uma reação muito mais severa. Aquilo não era um jogo. Era um pesadelo.

Mesmo que você não seja alguém que segue regras, ainda acho que há algo com o qual todos nós podemos nos identificar aqui.

Todo aquele sistema não tratava apenas de seguir as regras. Tratava de controlar a percepção das pessoas sobre mim. E acho que a maioria de nós, não importa qual seja a nossa tendência natural, não quer ser mal compreendida, mal representada ou que nos atrelem a intenções que não são verdadeiras.

Não queremos que nos atribuam narrativas erradas que não se alinham com quem realmente somos. Se somos fortes, não queremos que as pessoas tenham a impressão de que somos fracas. Se somos compassivas, não queremos que outros digam que somos egoístas. Se somos responsáveis, não queremos ser retratadas como descuidadas. Se somos trabalhadoras, não queremos ser rotuladas como preguiçosas. Se estamos comprometidas em viver como Cristo, não queremos que outros nos acusem de características que façam parecer que não levamos a nossa fé a sério.

Portanto, na minha mente, a dinâmica naquela sala de aula significava que eu não só precisava seguir todas as regras, mas também precisava ficar bem com todos. Fiz tudo o que pude para manter a percepção de que os meus colegas estavam em consonância com a forma como eu queria ser conhecida.

Era exaustivo, mas parecia inevitável. Eu queria ser vista e conhecida como uma boa pessoa. Afinal, ser vista dessa forma, mas ser completamente mal compreendida, produz um peso de julgamento que pode ser brutal para um coração frágil que ainda está tentando entender a vida. E, enquanto querer ser boa pode parecer uma qualidade maravilhosa para uma criança, estar desesperada pela validação dos outros não era nada saudável. Isso me preparou para uma forma de pensar que me prejudicaria muito.

A mentalidade que mencionei no início deste capítulo é a seguinte: as opiniões das pessoas definem quem somos.

Se vivermos com essa mentalidade, estaremos desesperadas para tentar controlar a percepção das pessoas sobre nós. Passaremos a vida gerenciando opiniões para que elas sempre sejam favoráveis a nós, para que possamos nos sentir bem com nós mesmas.

Mas pense na trágica realidade dessa mentalidade. Estar excessivamente preocupada em ganhar a aprovação dos outros pode nos dar um coração dividido com Deus. Gálatas 1.10 aponta esse problema: "Acaso busco eu agora a aprovação dos homens ou a de Deus? Ou procuro agradar a homens? Se eu ainda procurasse agradar a homens, não seria servo de Cristo". Além disso, é impossível agradar a todas as pessoas o tempo todo.

Sabemos disso. Mas nos esquecermos, especialmente com pessoas cujas opiniões nos afetam. Assim, quando desapontamos os outros, pensamos de forma diferente, não fazemos tudo o que eles acham que devemos fazer ou tentamos traçar limites com os quais eles não concordam, os outros podem pensar mal de nós. E, se pensarem mal de nós, tememos que será impossível nos sentirmos bem conosco mesmas.

A RAIZ DO TEMOR

Para ser honesta, isso não é apenas algo com que lutei no ensino fundamental. É algo com que luto ainda hoje. Talvez, em graus variados, seja uma luta de todas nós, não é mesmo? Acho que isso atinge o medo principal no que se refere a estabelecer limites: se eu estabelecer um limite, alguém não me verá mais como quero que me veja. Não me conhecerá mais como quero que me conheça. Não acreditará no melhor de mim, e há algo dentro de mim que realmente quer que o outro acredite na minha melhor versão.

Assim, quando tentamos estabelecer limites e as pessoas respondem com declarações que não retratam com precisão quem somos, pode parecer que estamos sendo absolutamente mal compreendidas e rotuladas de forma errada. Então, para lutar contra esse rótulo negativo atribuído a nós, muitas vezes deixamos o limite de lado. Preferimos sofrer as violações de limites das outras pessoas a lidar com o julgamento errado que fazem de nós.

Olá, essa sou eu. Olá, essa é você?

Passei por isso recentemente. Apresentei alguns fatos opostos em uma reunião durante a qual a minha cidade votaria em uma nova lei. A lei não foi aprovada e, como resultado, as pessoas que a queriam ficaram tão frustradas que me acusaram de ser irracional. Isso partiu o meu coração. Depois de ir para a cama naquela noite, acordei às três da manhã sentindo um pânico tão grande por ser mal compreendida que fiquei fisicamente enjoada. Não conseguia entender por que estava tão abalada. Eu tinha dito a verdade. As minhas motivações eram puras, e as minhas razões para apresentá-las eram boas. Mas as acusações das pessoas do outro lado dessa questão me fizeram questionar se, em vez de me manifestar, eu deveria apenas sofrer as consequências do que a proposta delas faria com a minha própria família e comunidade.

Ainda estou tentando entender esses sentimentos, mas alguns bons versículos aos quais continuo me apegando são Colossenses 1.10-11: "Para que vivam de maneira digna do Senhor, agradando-lhe em tudo. Assim, vocês frutificarão em toda boa obra e crescerão no conhecimento de Deus. Serão completamente fortalecidos com o seu glorioso poder, para que tenham grande perseverança e paciência".

Quero seguir vivendo de forma digna do Senhor. Quero agradá-lo. Quero dar frutos. Quero crescer e ser fortalecida por Deus. Quero ter perseverança e paciência. Isso me leva a perguntar a mim mesma: estou menos ou mais propensa a viver esses versículos sem estabelecer os limites necessários? A minha resposta é que estou menos propensa, então devo manter os limites até que o Senhor me diga o contrário.

Lembre-se de que você pode estar se sentindo racional agora, na segurança tranquila de estarmos você e eu percorrendo este livro. É possível que você esteja concordando e pensando: *Sim, preciso estabelecer limites, e acho que consigo*. Neste momento, os limites fazem sentido. Contudo, e se, ao tentar aplicar os seus limites em um momento carregado de emoções, você perder a determinação diante de declarações da outra pessoa que a confundem, a fazem questionar a validade desses limites ou a acusam de uma forma que a machuca? É preciso estar preparada para saber o que fazer.

Veja se já ouviu algumas dessas declarações de outras pessoas. Avalie se elas contribuíram para que você desistisse de estabelecer limites pessoais.

Quando dizem:

> "O que eu fiz não é tão grave assim. Você está sendo dramática demais."
> "Você está sendo sensível demais."
> "E você se diz cristã?! Jesus não trataria as pessoas assim."
> "Pensei que os cristãos deveriam perdoar."
> "Você tem um coração tão duro. Jesus nunca teria se afastado."
> "Esta é apenas mais uma evidência de que você é controladora e não perdoa."
> "Jesus amava todas as pessoas e distribuía graça independentemente do que acontecia. Então, qual é o seu problema?"
> "Você não parece mais a mesma. Você mudou."
> "Estou tão decepcionada com você."
> "Você está simplesmente louca, e isso é irracional."
> "Você é tão egoísta! Só se preocupa consigo mesma."
> "Sério?! Como você pode ser tão cruel depois de tudo o que fiz por você?"
> "Você está fora da realidade. Estabelecer limites não é bíblico."
> "Mas você é a minha (esposa, filha, melhor amiga, mãe, irmã). Agir assim comigo é descabido e inaceitável."

Observe por que essas declarações são tão provocativas:

1. **São ofensivas.** Não retratam com precisão exata quem somos. Ser mal compreendida é brutal demais porque faz a outra pessoa se apropriar da nossa identidade.
2. **São ameaçadoras.** Quando alguém faz acusações dolorosas e ataca os nossos limites, pode parecer que seja o que for que esse relacionamento esteja nos proporcionando será tirado e alguma necessidade em nós ficará desatendida.
3. **São desanimadoras.** Quando alguém nos faz questionar a nossa necessidade de limites, podemos duvidar da realidade, da nossa sanidade, da nossa racionalidade e até mesmo da gravidade do que realmente está acontecendo. Podemos

> facilmente começar a nos perguntar se o verdadeiro problema somos *nós*, em vez de considerar a origem e o motivo de estarmos nessa dinâmica complicada.

É muito importante estarmos cientes desses três sentimentos que podem nos deixar vulneráveis a não estabelecer limites saudáveis. A primeira coisa que precisamos notar sobre os efeitos dessas afirmações é que cada uma delas é uma evidência de que precisamos estabelecer limites com essa pessoa.

E a segunda coisa que devemos notar é a seguinte: se temos medo de que essa pessoa pense mal de nós, potencialmente nos abandone ou nos faça sentir loucas por darmos um passo em direção a tornar o relacionamento saudável, as chances são ainda maiores de que, sem limites saudáveis, ela acabe fazendo tudo isso conosco. (Recado para mim: leia essa última frase mais uma vez... talvez mais dez vezes.)

Pessoas não saudáveis geralmente não gerenciam bem suas emoções e expectativas (autorregulação) e podem facilmente se ofender quando a falta de responsabilidade delas não se torna uma emergência sua. O raciocínio geralmente é que a necessidade delas prevalece sobre as suas limitações. E o sinal claro de sua falta de saúde é a recusa em aceitar um *não* como resposta, sem tentar fazer você se sentir terrível, castigada ou insegura sobre a necessidade do limite.

Se quisermos permanecer saudáveis, precisamos usar a nossa energia limitada da maneira certa. Poderíamos desperdiçar anos tentando mudar a opinião da outra pessoa ou provar a ela por que precisamos de limites, ou, pior ainda, poderíamos abandonar os limites completamente e continuar vivendo na disfunção.

Deixe-me afirmar algo crucial. Não quero que comecemos a categorizar todos ao nosso redor como pessoas saudáveis ou tóxicas. Mas devemos prestar atenção naquelas que aceitam os nossos limites saudáveis e naqueles que resistem a eles.

O apóstolo Paulo aborda alguns componentes-chave do amor: "Esta é a minha oração: que o amor de vocês aumente cada vez mais em conhecimento e em toda a percepção, para discernirem o que é melhor, a fim de serem puros e irrepreensíveis até o dia de Cristo". O que gosto em Filipenses 1.9-10 é que o amor aqui está associado ao conhecimento e ao discernimento. Portanto, o inverso também é verdadeiro. A falta de sabedoria e de discernimento é, na verdade, uma falta de amor. Às vezes, associamos o amor apenas como um sentimento. Mas precisamos nos lembrar de que o amor bíblico é uma ação intencional em que queremos o que é melhor para nós e para a outra pessoa. Tendo isso em mente, ao estabelecer limites, a nossa postura deve ser de sabedoria e discernimento em prol de um amor verdadeiro e saudável.

Pessoas saudáveis, que desejam relacionamentos saudáveis, não têm problemas com os limites saudáveis dos outros. Hebreus 5.14 nos lembra que pessoas maduras "pela prática, têm as suas faculdades exercitadas para discernir não somente o bem, mas também o mal". A palavra *discernir* significa que alguém pode distinguir mais facilmente a maneira certa e a maneira não aceitável de tratar alguém. O que alguém deve dizer e o que provavelmente não deve dizer. E só porque uma pessoa *pode* fazer algo, não significa que ela *deva fazê-lo*. Discernir e escolher as próprias ações com cuidado leva a uma sabedoria na qual os outros ao redor podem confiar.

Pessoas saudáveis são pessoas maduras. Elas buscam:

- entender suas preocupações
- discutir quaisquer questões que a necessidade dos limites revela, e
- respeitar os seus limites.

Pessoas saudáveis que desejam relacionamentos saudáveis não têm problemas com os limites saudáveis dos outros.

Lembre-se: pessoas saudáveis, que desejam relacionamentos saudáveis, sabem ser responsáveis com o acesso dado a elas. Por exemplo, se pegam o seu carro emprestado, é provável que não o devolvam com o tanque vazio. Mas, se o fizerem, é possível avisá-las que, se quiserem pegá-lo novamente, precisam repor a gasolina que usaram. E elas deveriam achar o seu pedido razoável, sem fazer que você se sinta menos generosa.

Mesmo que alguém não goste de um limite estabelecido por você, as pessoas saudáveis sabem a diferença entre ferir e causar um dano. Uma amiga que se atrasa constantemente pode se sentir magoada por você não estar mais disposta a ir com ela a eventos, mas pode reconhecer que o seu limite não foi estabelecido para lhe causar dano. Ela não pensará que você é egoísta e rude, nem a culpará pelos próprios problemas. E certamente não diminuirá a sua identidade, nem desestabilizará a sua segurança ou ignorará a sua avaliação da realidade. Ela ajustará sua pontualidade e irá com você, ou simplesmente marcará de encontrá-la no evento. De qualquer forma, ela respeitará você o suficiente para respeitar os seus limites.

Pessoas saudáveis entendem os seus limites porque estão em contato com suas próprias limitações. Elas comunicam o que podem e o que não podem fazer, o que estão e não estão dispostas a tolerar. E esperam que você faça o mesmo.

Compreender isso pode nos ajudar a perceber que às vezes o problema não é que não sejamos boas em estabelecer limites saudáveis. Talvez não sejamos boas em reconhecer que não obteremos resultados saudáveis dentro de relacionamentos tóxicos.

EXAMINANDO A NÓS MESMAS

Em algum momento nesse processo de busca por validação nos outros, nós nos esquecemos de olhar para cima. Se estamos vivendo honestamente e honrando a Deus, não devemos esquecer que o fato de as pessoas não gostarem dos nossos limites não significa que não estamos vivendo corretamente diante de Deus.

Não obteremos
resultados saudáveis
dentro de
relacionamentos
tóxicos.

Quando uma pessoa diz algo que nos machuca ou nos ofende ao estabelecermos um limite, pode ser bom examinarmos a nós mesmas. Será que essa é uma tentativa da nossa parte de causar dano, controlar, retaliar, nos desconectar ou nos dar permissão para sermos irresponsáveis? Examinar a nós mesmas é saudável, mas questionar a nossa identidade não é.

Examinar a nós mesmas significa avaliar uma atitude ou comportamento atual para checar seu alinhamento com as instruções e a sabedoria de Deus. Questionar a nossa identidade é duvidar de quem somos porque demos poder demais às outras pessoas, permitindo que suas opiniões nos definam.

Só sei dizer isso sendo absolutamente direta: se a nossa identidade, a crença fundamental que temos sobre quem somos, está atrelada à opinião que outra pessoa tem de nós, precisamos fazer uma reavaliação. Devemos ser honestas com o acesso ao nosso coração que demos a essa pessoa. Não é ruim fazer isso, mas, quando concedemos acesso excessivo a uma pessoa tóxica, isso pode abalar as nossas estruturas. Quando a opinião da outra pessoa sobre nós começa a afetar como vemos a nós mesmas, podemos perder de vista o melhor de quem somos, pois nos envolvemos na exaustiva busca de tentar manter o relacionamento intacto a qualquer custo. E, quando ficamos presas em um ciclo como esse, às vezes preferimos controlar as percepções que as pessoas têm de nós do que cuidarmos de nós mesmas e do relacionamento, estabelecendo limites apropriados.

Lembre-se de que falamos sobre acesso pessoal e responsabilidade em capítulos anteriores. Quando damos às pessoas acesso pessoal à nossa vida, elas devem ser responsáveis com isso. E o acesso emocional ao nosso coração é especialmente importante.

LIMITES SEM PONTOS DE INTERROGAÇÃO

Não é de se admirar que estejamos ansiosas e sintamos que os limites só são aceitáveis e legítimos se a outra pessoa concordar em respeitá-los. Em outras palavras, em vez de afirmar os nossos limites e encerrar a frase com um ponto, acrescentamos uma pergunta. "Você está bem com isso?". "Está tudo bem?". "Isso funciona?". "Isso é compreensível, certo?". "Você entende o que quero dizer, certo?". No entanto, apresentar um limite como uma pergunta abre caminho para questionamentos, discussões e falta de respeito. Se um limite é apresentado com dúvida, não será cumprido de forma efetiva.

Agora, acrescente a isso a estranha noção de que, se somos cristãs, estamos absolutamente obrigadas a sacrificar o que é melhor para nós em nome de entregar a nossa vida pelos outros. (Você pode consultar a partir da página 233 algumas escrituras específicas que foram mal interpretadas para fazer as pessoas se sentirem culpadas por seus limites). De onde veio a ideia de que não podemos dizer *não*, ter limitações ou não estarmos dispostas a tolerar o mau comportamento dos outros? Se filtramos os nossos pensamentos sobre limites por meio de percepções erradas, não é de se admirar que muitas de nós consideremos os limites não apenas desafiadores, mas praticamente impossíveis.

Observe por quê:

- Não temos certeza de quem realmente somos.
- Não temos certeza do que realmente precisamos.
- Não temos certeza de que, se os outros se afastassem de nós, ficaríamos bem.

Chegaremos ao que precisamos no capítulo seguinte, mas por ora vamos dar uma olhada honesta em uma pergunta importante.

Quem é você?

Quando reservei um tempo para responder a essa pergunta para mim mesma, questionei-me por que nunca havia abordado isso antes. Em um momento de reflexão honesta, foi incrivelmente libertador afirmar para mim mesma quem realmente sou, em vez de tentar me defender contra os julgamentos dos outros.

Apresentar um limite como uma pergunta abre caminho para questionamentos, discussões e falta de respeito. Se um limite é apresentado com dúvida, não será cumprido de forma efetiva.

Aqui está quem eu sou: sou uma mulher que ama a Deus e ama outras pessoas. Portanto, por causa de Cristo em mim (Gálatas 2.20), sou capacitada a ser a versão de mim que Deus pretendia quando me criou. Sou gentil, criativa, carinhosa, generosa, divertida e leal.

Tenho essas qualidades, mas elas não são o que mais se destaca quando os outros me usam, se aproveitam de mim, me exigem coisas nada realistas e fazem suposições erradas sobre a minha pessoa quando digo não. Em outras palavras, quando deixo alguém violar os meus limites, posso ficar tão frustrada que passo a agir de maneiras completamente opostas à mulher que realmente sou. Esse tipo de reação é minha, e preciso apropriar-me dela totalmente – não é o que outra pessoa faz, mas a minha reação ao que ela faz.

Portanto, os limites me ajudam a permanecer fiel a quem realmente sou. Sem limites, posso me sobrecarregar a ponto de ficar ansiosa, amarga, ressentida, irritada, brava e distante. Essa não sou eu, então é responsabilidade minha não permitir que as ações e expectativas de outras pessoas me desgastem até a pior versão de mim mesma. Em um sentido bíblico, é não permitir que outra pessoa me faça trair quem eu sou em Cristo.

Tudo bem, agora é a sua vez de responder a esta pergunta crucial: *Quem sou eu?*

Faça uma pausa. Pense a respeito.

E, se você estiver tendo dificuldade em responder, talvez seja porque se perdeu da pessoa que é. Às vezes, deixamos que as opiniões e necessidades de outras pessoas nos definam por tanto tempo que nos perdemos de nós mesmas no processo. Ou talvez as circunstâncias tenham sido tão confusas, talvez até brutais, que sentimos que a vida nos reduziu a alguém por quem os outros sentem pena. Foi isso exatamente que senti nos últimos anos da minha vida. Queria ser uma mulher vitoriosa em Deus, não uma vítima de um monte de circunstâncias que me pegaram desprevenida e me puxaram o tapete.

Há muito mais em nós do que apenas ser a soma total do que nos aconteceu. Certo?! Então, como voltamos a ser a pessoa que éramos antes de todas as dificuldades?

Recentemente, participei de uma chamada em grupo no Zoom com a minha amiga Amanda, depois que ela leu uma versão inicial do que escrevi aqui. Ela ficou emocionada ao me contar sobre uma foto que a mãe dela encontrou na caixa de joias de sua avó depois de sua morte. A velha fotografia em preto e branco era de um lindo bebê de bochechas gordinhas com cabelo escuro.

"Eu não via aquele rostinho na caixa de joias da minha avó há mais de vinte e cinco anos desde a última vez em que olhei para a foto. Vinte e cinco anos. Sou eu quando bebê. A versão mais pura de mim. Esta sou eu antes que a vida acontecesse e escrevesse sua própria história sobre mim. Antes de os acontecimentos da vida me ferirem, partirem o meu coração, me deixarem exausta e passarem por mim como eu se tivesse sido atropelada."

As lágrimas escorriam pelo rosto dela enquanto o resto de nós tentava controlar o aperto na garganta. O bebê na foto era Amanda, mas a verdade daquele momento se aplicava a todas nós.

Imagine-se como uma pequena bebê recém-saída das mãos de Deus. Inocente. Abençoadamente inconsciente à tragédia e ao trauma. Imagine-se olhando nos olhos dessa bebê. O que você diria a ela? Quem você gostaria de dizer que ela é antes que a vida começasse a escrever sua história? Fale agora.

Lembre-se de que você está mais próxima de quem realmente é quando está mais próxima de quem Deus a criou para ser.

Outra lembrança que você pode ter é pensar si mesma antes de ter sido machucada de verdade. Antes que aquela pessoa dissesse o que disse. Ou que aquele outro fizesse o que fez. Ou antes daquele evento em que tudo mudou e você se sentiu atingida. Quem era você?

Pense em uma lembrança, uma do início da sua vida, e tente lembrar quem você era antes de começar a olhar para os outros em busca de validação. Antes de começar a se tornar tão hipersensível às suas falhas e fragilidades que parou de se ver como digna, valiosa e criada por Deus com um propósito. Se nada lhe vier à mente em relação à sua infância, apenas fale com uma das suas fotos de bebê e diga-lhe com ternura por que ela não precisa viver em uma busca constante e doentia por validação das pessoas.

Agora, escreva as qualidades que são verdadeiras sobre a sua versão mais autêntica e maravilhosa.

Essa é a sua beleza. O objetivo é caminhar humilde e intencionalmente nessa beleza, apropriando-se dela. Servir-se dessa plenitude. Usufruir dessa totalidade. Caminhar com confiança no fato de que o nosso Deus todo suficiente não criou você insuficiente nem aquebrantada. Sim, precisamos crescer e nos desenvolver e buscar nos tornar cada vez mais como Jesus. Assim como uma semente contém tudo o que é necessário para florescer, nós também contemos. Tudo o que uma semente passa para tornar-se uma planta faz parte do processo de se tornar o que foi projetada para ser, não de um processo para determinar seu valor ou dignidade (1Coríntios 15.38-44).

Este exercício é mais importante do que você imagina. Se não sabemos quem somos, seremos constantemente manipuladas a nos tornarmos quem os outros querem que sejamos, ou nos enredaremos nas necessidades das outras pessoas.

Quando sabemos quem somos, somos inteiras e estamos disponíveis para amar, servir e dar aos outros a partir dessa plenitude. Se não sabemos quem somos, então amaremos, serviremos e nos doaremos, esperando que as pessoas preencham os nossos lugares vazios e nos façam sentir inteiras. E, ao agir assim, seremos sempre definidas por quanto alguém nos faz sentir bem ou mal.

Agora, essa é apenas a introdução a este capítulo. A minha paixão por tudo isso pode ter colocado um pouco de vento nas minhas velas, ou palavras no meu capítulo. Bem-vindo ao meu *TED talk*[1] estendido. Brincadeira. Estamos realmente chegando ao final.

No capítulo a seguir, construiremos o que aprendemos aqui. Há um fundamento ainda mais seguro para saber quem somos do que simplesmente declaramos a nós mesmas. Queremos deixar a Palavra de Deus se tornar a palavra da verdade em relação à nossa identidade. Quando Deus é a fonte da nossa identidade, somos muito menos vulneráveis a que outras pessoas alimentem a nossa insegurança.

Mas, antes de virarmos a próxima página, quero fazer algo diferente aqui. Juntas, conseguimos entender muitas coisas neste capítulo. Às vezes, precisamos ler. Outras vezes, precisamos interiorizar o que lemos. Agora é hora de sentar e refletir. Respire fundo. Tome um banho de espuma. Ou ouça uma música de louvor.

Ou, se você pensa melhor quando movimenta o seu corpo, faça uma caminhada. Ou uma corrida. (Essa não sou eu, porque não quero perder os meus pulmões enquanto tento cuidar bem do meu coração. Mas cada uma com as suas preferências...) Reserve um minuto para dançar a sua música favorita. E, se não for uma música de louvor, cante para Jesus como se fosse. Ou, a minha escolha favorita, ande de bicicleta enquanto canta a sua música favorita como se fosse a trilha sonora pessoal da sua vida agora. Não se trata do que você faz. Trata-se de refletir e lembrar quem você é.

À medida que você deixa todas essas palavras repousarem sobre você, ore e peça a Deus que a ajude a saber dele quem você realmente é. Ele a criou à sua própria imagem. Capture uma imagem da bondade de Deus, e você encontrará uma parte de você por lá.

Deixo-a com as palavras que escrevi pela primeira vez no meu diário e depois coloquei no meu livro **Uninvited** [Sem convite] anos atrás: "O amor de Deus não é baseado em mim. Ele simplesmente está sobre mim. E é o lugar a partir do qual devo viver... amada".[2]

---

1. TED Talks são palestras curtas e inspiradoras sobre uma variedade de temas, como ciência, tecnologia, arte, design e questões globais. A sigla TED vem de Technology, Entertainment and Design [tecnologia, entretenimento e design]. [N. do. T.]

2. TERKEURST, Lysa. **Uninvited: Living Loved When You Feel Less Than, Left Out, and Lonely**. Nashville: Thomas Nelson, 2016. p. 259.

Uma nota do Jim sobre como conversar com o seu eu mais jovem

Se você pudesse voltar no tempo e encontrar uma versão mais jovem de si, talvez em um momento em que cometeu alguns erros, o que diria a si mesma? Falaria palavras de desprezo ou compaixão? A compaixão diz: "Seria dessa forma que eu a protegeria agora. Seria assim que eu a ajudaria. Seria assim que eu poderia proporcionar um ambiente mais seguro para você". Com base nesse exemplo, que palavras de compaixão você falaria ao seu eu mais jovem? Muitas vezes, essas são as mesmas palavras de afirmação que você precisa falar a si mesma agora.

É hora de aplicar o que aprendemos...

RECORDE:

- Pessoas saudáveis, que desejam relacionamentos saudáveis, não têm problemas com limites.
- Se a nossa identidade, a crença fundamental que temos sobre quem somos, está atrelada à opinião que alguém tem de nós, é preciso fazer uma reavaliação.
- Apresentar um limite como uma pergunta abre caminho para questionamentos, discussões e falta de respeito. Se um limite é apresentado com dúvida, não será cumprido de forma efetiva.
- É responsabilidade minha não permitir que as ações e expectativas das outras pessoas me desgastem até a pior versão de mim mesma.
- Não teremos resultados saudáveis dentro de relacionamentos tóxicos.

- Quando Deus é a fonte da nossa identidade, somos muito menos vulneráveis a que outras pessoas alimentem a nossa insegurança.

RECEBA:

Acaso busco eu agora a aprovação dos homens ou a de Deus? Ou procuro agradar a homens? Se eu ainda procurasse agradar a homens, não seria servo de Cristo. (Gálatas 1.10)

No entanto, o alimento sólido é para os adultos, os quais, pelo exercício constante, se tornaram aptos para discernir tanto o bem quanto o mal. (Hebreus 5.14)

Esta é a minha oração: que o amor de vocês aumente cada vez mais em conhecimento e em toda a percepção, para discernirem o que é melhor, a fim de serem puros e irrepreensíveis até o dia de Cristo. (Filipenses 1.9-10)

REFLITA:

- Escreva os seus pensamentos sobre a seguinte declaração e como essa constatação se aplica à sua vida agora: "Não teremos resultados saudáveis dentro de relacionamentos tóxicos".
- O que você acha que significa estar em contato com as suas próprias limitações? Por que isso é importante para a saúde dos seus relacionamentos?

ORAÇÃO:

Jesus, obrigado por ser um lugar tão seguro para eu voltar quando estou lutando com a minha identidade. Quando sou tentada a buscar validação e aceitação nos outros, por favor me lembre de olhar para o Senhor. À medida que reflito sobre as verdades que li, oro para que o Espírito Santo me dê olhos para fazer um inventário da minha própria vida, das limitações compreensíveis das minhas capacidades e considere pessoalmente quaisquer mudanças potenciais que eu precise implementar. Agradeço pela graça e paciência que o Senhor tem comigo enquanto cresço e aprendo nesta jornada. Em nome de Jesus, amém.

Capítulo 8

Tentar fazer alguém feliz não deve ser a sua definição de saúde

"Mãe, achamos que você precisa de um cachorrinho."

Antes que os meus filhos adultos, que não moram mais em casa, chegassem à segunda sílaba da palavra *cachorrinho*, eu disse não. Havia muitas razões. Mas a principal era que sentia que essa conversa toda era um código para o seguinte: "Eles queriam toda a alegria de ter um cachorrinho sem as responsabilidades diárias do dito cujo". Se conseguissem me convencer a ter um, poderiam amá-lo e aproveitar da companhia dele quando quisessem, mas depois escolheriam deixá-lo comigo para fazer todo o restante.

Então, claro, acabei arrumando um cachorrinho.

E, claro, acabou acontecendo exatamente tudo o que eu previra.

No entanto, o que eu não imaginava era que me apaixonaria completamente por aquela pequena bolinha de pelo cor de pêssego de pura alegria. E você sabe como é prudente treinar alguns cães para ficarem em suas casinhas? Sim, bem, isso não funcionou com o meu cachorrinho chamado Givey. Toda vez que eu o colocava em sua casinha, ele chorava e chorava até que eu não aguentava mais e o deixava sair.

Mas esse padrão não ajudava nada no quesito treinamento das necessidades no lugar certo nem na regra de não destruir as minhas coisas.

Um dia, a minha amiga Shae veio trabalhar em alguns projetos, e Givey se comportou de forma peculiar. Tudo o que um bom filhote deveria fazer, ele fazia o oposto. Depois de pegar quase um rolo inteiro de papel higiênico mastigado espalhado pelo chão da sala, eu disse: "Sei que deveria levá-lo para a casinha para um tempo de reflexão, mas simplesmente não consigo suportar ouvi-lo chorar".

Shae respondeu: "Sabe, a minha mãe tinha uma frase muito sábia que ela costumava dizer quando estávamos treinando a nossa cachorrinha, Rosie. Quando ele começava a chorar e todos nós nos sentíamos mal por Rosie, a minha mãe dizia: 'Bem, eu não sou feliz 100% do tempo na minha vida também. Ela ficará bem'".

Digo que a Mamãe Tate tem bastante razão nisso.

E, só para você saber, Givey acabou não apenas se acostumando a passar períodos apropriados de tempo em sua casinha, mas acabou gostando tanto que agora, às vezes, ele mesmo entra nela. Acho que a casinha se tornou seu lugar seguro neste mundo imenso.

E certamente trouxe muito alívio para a minha vida de mãe de cachorrinho.

Colocar Givey na casinha quando eu saía de casa, ou quando ele simplesmente precisava de um tempo, ajudou a estabelecer um limite entre seu espaço pessoal e o meu. Se ele quer mastigar algo que seja dele em sua casinha, ótimo. Mas, no restante da minha casa, mastigar as minhas coisas não é aceitável.

Givey não é um cachorrinho mau. Na verdade, ele é incrível. Contudo, na época, ele era um filhotinho sem treinamento. E acho que a falta de limites alimentou sua ansiedade. Ele se viu obrigado a descobrir o que poderia e o que não poderia fazer. Isso não lhe deu uma sensação de liberdade, apenas o aprisionou na incerteza.

Definir o que é e o que não é aceitável é ainda mais importante nos relacionamentos humanos. Se as pessoas constantemente nos irritam, nos frustram, nos cansam ou passam por cima de nós, há grandes chances de que não sejam as pessoas certas na nossa vida ou de que não demos os limites certos a elas. Ou talvez as duas coisas.

Limites saudáveis trazem alívio à dor de deixar que as opiniões, os problemas, os desejos e as pautas das outras pessoas controlem a nossa vida.

Entretanto, se vemos os limites como um bilhete de ida para agir de forma indelicada, anticristã ou indiferente, não haverá alívio, pois estaremos consumidos pela dor dos outros que não estão satisfeitos conosco. Ou carregaremos o terrível peso da culpa por dizer não e nos preocuparemos com consequências que não são nossas.

Espera aí... alívio? Talvez você pense o seguinte: *Limites não trazem alívio. Podem deixar a outra pessoa tão brava ou desapontada comigo que ela dirá coisas dolorosas sobre mim. Só quero manter a paz, então vou me adaptar às atitudes e comportamentos dela para não precisar lidar com as consequências de abordar tudo isso.*

E amiga, por um tempo, isso até pode funcionar.

Mas não se engane, com o tempo, você terá o equivalente a uma sala de estar cheia de papel higiênico rasgado e um coração cheio de ressentimentos latentes. Sem interromper o ciclo ao estabelecer limites apropriados, acabará havendo uma explosão emocional de frustração, da qual você se arrependerá depois, ou ressentimentos latentes irão corroê-la até realmente você não conseguir mais suportar a pessoa.

Se as pessoas constantemente nos irritam, nos frustram, nos cansam ou passam por cima de nós, há grandes chances de que não sejam as pessoas certas na nossa vida, ou de que não demos os limites certos a elas.

Às vezes, o pior tipo de raiva e amargura acontece quando você se sente obrigada a sorrir por fora enquanto está gritando por dentro.

Já passei por isso. Perdi a paciência algumas vezes porque deixei as coisas acontecerem por tanto tempo que simplesmente não conseguia mais conter a minha frustração. Ou, em outras ocasiões, segurei a minha língua por tanto tempo que perdi o desejo de ficar perto daquela pessoa.

Não me orgulho de nenhum desses extremos. E nenhuma dessas reações condiz com quem sou como pessoa de fato. Verdadeiramente, é isso que me dói tanto quando olho para reações que lamento. Deixei as coisas chegarem a um ponto tão ruim que não consegui me apegar ao meu verdadeiro eu.

E, quando me perdi do meu verdadeiro eu, nunca recuperei nada de bom. Perder a paciência nunca melhorou nada. E reprimir as minhas frustrações nunca fez as dificuldades desaparecerem. Eu sabia que precisava de limites, então por que deixava os comentários de outras pessoas abalarem a minha identidade?

No capítulo anterior, trabalhamos para responder a pergunta "Quem sou eu?". Mas como aplicar tudo isso no contexto de uma dinâmica relacional realmente desafiadora?

Existem inúmeras mulheres casadas que me procuraram ao terem o coração partido, sentindo-se paralisadas por causa da luta de seus maridos com a pornografia e a recusa deles em buscar ajuda. Muitas vezes, a esposa tenta estabelecer um limite dizendo que não permitirá mais que esse problema fique sem solução. Ela declara que irá procurar aconselhamento para ajudá-la a entender melhor o trauma que isso causa em seu coração. Se seu marido quiser acompanhá-la e trabalhar em uma solução saudável, então poderão juntos avançar em direção à cura.

Se o marido se recusa, ela lhe diz que, para buscar a cura para si mesma, fará algumas mudanças necessárias. Então, trabalha com um conselheiro em relação aos limites e consequências necessárias para proteger seu coração e evitar se sentir devastada pelas ações do marido. Ela sabe que os limites não servem para mudar o marido, para forçá-lo a ver as coisas como ela vê, nem mesmo para dar a ele

Limites saudáveis trazem alívio à dor de deixar que as opiniões, os problemas, os desejos e as pautas de outras pessoas controlem a nossa vida.

uma lição. Claro, ela quer que o marido pare de ver pornografia. Mas ele precisa fazer essa mudança por si mesmo. Assim, seus limites são para ajudá-la a controlar a dor sem perder constantemente a paciência ou ser tomada por um ressentimento amargo.

Mas é aí que tudo pode desmoronar. A esposa estabelece limites necessários, e o marido reage: "Não é de admirar que eu veja pornografia. Olha como você é chata. É tão dramática. Nem é para tanto. Todos os homens fazem isso. Não consigo nem confiar as minhas lutas a você, pois você está sempre procurando algo errado em mim. E você acha que essa tática de limites me fará sentir mais atraído por você? Não, só mostra que tenho razão, pois você não se importa com as minhas necessidades".

As palavras dele a deixam de coração partido. Ela ama o marido. Tem medo de perdê-lo. Sente-se sozinha. Não acha que pode compartilhar essa questão com outra pessoa. Assim, não apenas se machuca pela traição dele, como começa a se questionar se ela realmente é culpada. Ela se pergunta: *Sou confiável? Sou dramática demais? Sou tão opressora que o levo a agir dessa forma?*

Assim, ela recua e deixa o limite para trás, tentando provar ao marido que ela não é nada dessas coisas das quais ele a acusou e esperando que as coisas melhorem. Mas ela não percebe que, ao recuar, a verdadeira questão de o marido ver pornografia não é abordada. Ela é a única a arcar com as consequências das escolhas do marido, e o ciclo de dor causado pelas ações dele provavelmente continuará. Ela acabará devastada, com raiva e se sentindo como uma refém em uma situação que nunca melhorará.

Após anos de raiva não resolvida, ela começa a reagir de maneiras que nunca pensou que faria. Faz comentários passivo-agressivos. Fica o tempo todo frenética para saber onde o marido está e o que ele está fazendo. Tem tanto medo do que ele possa estar fazendo no computador e no telefone que tenta controlar todos os movimentos dele. Em essência, corre o risco de se tornar exatamente aquilo que estava tentando provar que não era.

Essa mulher é gentil, leal, responsável e generosa. A única chance que tem de manter o melhor de si mesma em primeiro plano e no centro da sua vida diária é lembrando que os limites não são para afastar o marido, mas para ajudá-la a se manter firme. No fundo, o que está destruindo seu casamento não é a necessidade de um limite, mas sim as escolhas inadequadas e antibíblicas do marido (Gálatas 5.19-21).

Se você está lendo isso e se encontra em uma situação semelhante, em que o comportamento da outra pessoa a afeta profundamente, eu entendo você.

Identifico-me com a angústia excruciante do que as decepções e todo tipo de abuso fazem com o coração de uma esposa que não deseja nada mais do que ser totalmente escolhida, amada de maneira pura e protegida de forma honrosa no relacionamento matrimonial. É dessa forma que ela se permite ser mais aberta e vulnerável, e por isso experimenta a dor mais profunda. Já estive com muitas mulheres que passaram por traições. Chorei com elas. Fiquei perplexa com elas. Clamei a Deus com elas pedindo que a loucura parasse. Perguntei-me junto a elas por que tudo aquilo aconteceu. Tentei entender com elas como seria possível perdoar e seguir em frente. E chorei com elas mais uma vez.

E, certamente, há maridos que conhecem essa mesma dor e traição. Quando um cônjuge começa a guardar segredos do outro para encobrir seus atos e continuar com padrões tóxicos em vez de amar seu cônjuge e sua família, ele acaba entrando de cabeça em relacionamentos inadequados. Essa é uma das dores mais profundas que uma alma humana pode conhecer. E é ainda mais devastador quando, ao abordar essas questões com seu cônjuge, ele apresenta uma narrativa cheia de meias-verdades, verdades encobertas ou promessas de mudança sem nenhuma intenção de cumpri-las.

Tive centenas dessas conversas dentro da minha cabeça, tentando entender ações que nunca farão sentido.

É uma jornada brutal aprender que podemos ficar bem mesmo quando as escolhas de alguém que amamos não são nada boas. Tentar permanecer inteira no processo, não importa quanto essa outra pessoa esteja destruída, parece algo que soa bem em teoria, mas não é uma opção para mulheres de coração partido como nós.

Ver outra pessoa acabar com uma vida que amamos nos atinge com ondas de dor. E é essa dor por aquilo que tememos perder que nos faz sentir medo de estabelecer limites e usar a nossa voz para dizer: "Chega!".

Sentimos profundamente, então ficamos imensamente feridas. A nossa mente e o nosso pulso são o tempo todo acelerados por gatilhos, medos e piores cenários possíveis. E, embora normalmente não estejamos programadas para a retaliação, às vezes nos sentimos bem aos nos rebaixarmos à mesma lama para fazer quem tanto nos machucou sentir igual dor.

É nesse momento que devemos dizer: essa pessoa já nos destruiu. E não vamos permitir que essa situação nos leve a tomar decisões de retaliação que acrescentem o peso do nosso próprio arrependimento sobre toda a dor que já sentimos.

Então, como manter a sanidade dia após dia quando alguém parece estar se esforçando para nos destruir? Mais uma vez, digo que é por isso que devemos estabelecer limites, buscar a ajuda de outros e usar a nossa voz para dizer: "__________ não é aceitável, e vou trabalhar para me manter segura e saudável, não importa qual seja a escolha do meu cônjuge daqui para frente".

Certamente, estabelecer limites em um casamento no qual a infidelidade e outros problemas traumáticos estão acontecendo aplica-se a algumas de nós, mas não a todas. Independentemente disso, todas nós devemos não apenas estabelecer limites apropriados, mas também proteger a nossa verdadeira identidade.

Existem cenários cotidianos que muitas vezes podem nos fazer questionar quem somos com base nas ações ou reações de outra pessoa. Por exemplo:

- Uma amiga próxima não convida você para ser madrinha no casamento dela, e de repente você começa a questionar se ela realmente a considera uma amiga.
- Você comete erros no trabalho, e o seu chefe diz que você precisa prestar mais atenção nos detalhes. De repente, você se questiona se realmente tem os requisitos necessários para exercer a função.

- Um vizinho reclama constantemente que você não age em conformidade com os padrões da Associação de Proprietários, e você se pergunta por que não consegue ser mais organizada.
- Seus pais expressam desapontamento por você ter decidido não viajar para a casa deles que fica a várias horas de distância para o Natal, e você se pergunta se isso faz que você seja uma péssima filha de fato.

Se você personaliza um incidente ao vinculá-lo à sua identidade, suportará esse peso como se fosse um pecado imperdoável. Se não personaliza, mas vê a situação como um momento para fazer uma pausa e refletir, poderá determinar com humildade o que fazer e entender melhor a situação.

Talvez esta seja uma oportunidade para você questionar a si mesma: Isso é algo que deve me transformar ou apenas me informar? Se algum aspecto dessa situação ajudar você a se desenvolver de maneiras saudáveis, encare isso como uma oportunidade de crescimento.

Ou, se as ações de uma pessoa não são úteis, pelo contrário, são tóxicas ou seus pedidos não são realistas, deixe que isso informe a sua resposta. Use o seu discernimento: Preciso conversar com essa pessoa sobre isso? Preciso estabelecer expectativas mais saudáveis? Precisamos estar de acordo que é possível discordarmos uma da outra? Preciso estabelecer limites?

Vamos usar o último exemplo sobre a viagem no Natal e aplicar um pouco de sabedoria à situação.

Reflita se essa é uma oportunidade potencial para que você seja transformada. Os seus pais estão desapontados porque você realmente negligenciou o relacionamento? Você não irá visitá-los por retaliação ou indelicadeza? Você se comprometeu a ir, mas surgiu outra oportunidade que parecia mais divertida? Talvez o descontentamento dos seus pais seja legítimo e você reconsidere sua decisão.

Se não for o caso, pense em como essa situação pode informar você. O desapontamento dos seus pais pode ser um sinal de que eles estão tendo dificuldades com as mudanças nas tradições, e talvez tudo o que você precise fazer seja convidá-los para vir à sua casa. Não significa que você os está rejeitando, mas está sendo realista sobre o desejo de não passar tanto tempo na estrada. Não está sendo indelicada. Está sendo sábia ao reconhecer a necessidade da sua própria família de estar unida na sua casa e estabelecer as suas próprias novas tradições.

Ou talvez o desapontamento dos seus pais dê pistas sobre algumas questões mais profundas e tendências pouco saudáveis que precisam ser abordadas, e nesse caso estabelecer limites ajudaria muito.

Não importa qual é o caso, o que não devemos fazer é o seguinte: atrelar a decepção dos nossos pais à nossa identidade. O fato de alguém estar desapontado *não* faz de nós uma decepção. Podemos ouvir as declarações dos outros com o propósito de considerar se há alguma verdade nelas e, se há, o que precisamos fazer para aceitar isso com humildade. Mas não podemos nos apegar à decepção da outra pessoa como se fosse uma acusação de quem somos. Lembre-se do exemplo de Jesus em 1Pedro 2.23: "Quando ele era insultado, não revidava; quando sofria, não fazia ameaças, mas entregava-se àquele que julga com justiça".

Eu não tenho todas as respostas. Não para as dificuldades e obstáculos relacionais cotidianos. Não para a mulher cujo marido se recusa a reconhecer que a pornografia é um problema sério e está destruindo sua esposa e seu casamento. Não para todos os outros tipos de devastações que muitas de nós suportamos. Nem para explicar por que tudo isso acontece e quando vai acabar. Algumas situações são simplesmente horríveis e extremamente complicadas.

No entanto, tenho uma resposta para dar: as outras pessoas não têm a palavra final sobre quem somos. Deus tem. Portanto, o que torna possível não nos transformarmos em uma versão frágil e fragmentada da mulher que devemos ser é que precisamos colocar limites na nossa identidade, para protegê-la e guardá-la, usando a verdade de Deus para informar e estabilizar o que sabemos, o que sentimos e o que fazemos.

PERMANECENDO ÍNTEGRAS

Não podemos controlar o que os outros pensam. Não podemos controlar o que os outros sentem. Não podemos controlar o que os outros fazem. Mas podemos controlar e ser responsáveis por nós mesmas. Como discutimos antes, os limites não são feitos para controlar as outras pessoas. Os limites tornam possível mantermos a nós mesmas íntegras.

No capítulo anterior, discutimos os fundamentos da pergunta: *Quem sou eu?* Anotamos as qualidades que honram a Deus e nos comprometemos a viver de acordo com quem realmente somos. Agora, vamos levantar a pergunta: *O que faz uma pessoa permanecer íntegra?*

Sei que essa é uma grande pergunta. Mas vale a pena analisá-la porque permanecer íntegra tem um grande impacto não apenas na nossa saúde, mas também na qualidade dos relacionamentos que atraímos. Pessoas íntegras tendem a gravitar em torno de pessoas íntegras. Pessoas fraturadas tendem a atrair outras pessoas fraturadas.

Vamos aprofundar um pouco mais dividindo essa pergunta em três realidades espirituais distintas: *ortodoxia, ortopatia e ortopraxia*. Não se sinta intimidada pela sofisticação dessas palavras difíceis. Esses termos são novos para mim também. Mas aqui está o motivo pelo qual estou tão comprometida em entendê-los melhor: quero ser íntegra. E, porque desejo ser íntegra, devo manter os comentários de outras pessoas sobre mim separados do que acredito sobre mim mesma. Portanto, devo permanecer íntegra mantendo o que sei, o que sinto e o que faço alinhados com a verdade de Deus sobre quem sou.

> *Ortodoxia*: o que sabemos, a doutrina correta
>
> No entanto, a sabedoria que vem do alto é, antes de tudo,
> pura; depois, pacífica, amável, compreensiva, cheia
> de misericórdia e de bons frutos, imparcial e sincera.
> O fruto da justiça é semeado em paz pelos pacificadores.
> (Tiago 3.17-18)
>
> Pensem nas coisas do alto, não nas coisas da terra.
> (Colossenses 3.2)

> *Ortopatia*: o que sentimos, as emoções corretas.
>
> [Há um] tempo de chorar e tempo de rir; tempo de prantear e tempo de dançar. (Eclesiastes 3.4)
>
> Abençoem aqueles que os perseguem; abençoem-nos, não os amaldiçoem. Alegrem-se com os que se alegram e chorem com os que choram. (Romanos 12.14-15)
>
> Ortopraxia: o que fazemos, a vida correta.
>
> Ele mostrou a você, ó homem,
> o que é bom e o que o Senhor exige de você:
> pratique a justiça, ame a lealdade
> e ande humildemente com o seu Deus. (Miqueias 6.8)
>
> **Sejam praticantes da palavra, não apenas ouvintes, enganando a vocês mesmos. (Tiago 1.22)**

A integridade ocorre quando todos esses três aspectos estão alinhados com quem Deus pretende que eu seja. Um ser humano fraturado é alguém que desconectou algum aspecto de seu pensamento, sentimento ou ação de quem realmente ele é.

Por exemplo, se sou uma pessoa gentil, então os meus pensamentos (ortodoxia), sentimentos (ortopatia) e ações (ortopraxia) devem estar alinhados com essa realidade de integridade. Mas, se eu permitir que as declarações e ações de outras pessoas me deixem tão perturbada a ponto de eu começar a ter pensamentos ruins, sentimentos amargos e reações sarcásticas, isso é uma fratura que provavelmente indica a necessidade de um limite para me ajudar a encontrar alinhamento e integridade.

Devo permanecer íntegra mantendo o que sei, o que sinto e o que faço alinhados com a verdade de Deus sobre quem eu sou.

Se sou uma pessoa responsável, mas digo sim para muitas coisas porque tenho medo de dizer não aos outros, então é muito provável que eu cometa erros. Não porque eu seja irresponsável, mas porque o que eu sabia que deveria fazer e o que parecia correto (dizer não a várias demandas) fragmentou-se por causa do que realmente fiz (dizer sim a tudo).

Assim como um braço fraturado se debilita para ser usado corretamente, se estivermos fraturadas no nosso pensamento, não usaremos o que pensamos de maneira saudável. Se estivermos fraturadas nos nossos sentimentos, não usaremos as nossas emoções de maneira saudável. Se estivermos fraturadas nas nossas ações, não agiremos e reagiremos de maneira saudável.

Então, o que isso tem a ver com limites?

1. Os limites nos lembram da definição correta do que é saudável.

Se você está vivendo na constante tensão de que a única maneira de salvar um relacionamento é manter a outra pessoa feliz, o objetivo de que alguém mais seja feliz não deveria ser a sua definição de saudável. Você é íntegra e saudável quando quem você é como filha de Deus está alinhado com o que você sabe (ortodoxia), o que você sente (ortopatia) e o que você faz (ortopraxia).

Os nossos limites não agradarão algumas pessoas. Os nossos limites não serão aplaudidos nem apreciados e não ajudarão a manter todos felizes. Os nossos limites não serão a solução rápida para fazer todos os nossos relacionamentos parecerem melhores. Os nossos limites não serão o "truque" para ensinar às pessoas uma lição que suas mães nunca ensinaram. Os nossos limites não nos farão parecer supercristãs capazes de saltar de prédios altos e assumir o peso dos problemas, irresponsabilidades e demandas irracionais de todos os outros com um sorriso no rosto.

Mas o que os limites farão com quem têm medo de ser mal compreendido é finalmente eliminar a noção de que ter limitações e necessidades é egoísta. E finalmente podemos aceitar que nem todos ficarão felizes conosco, e isso não é algo ruim.

2. Os limites impedem que as pessoas fraturadas nos fraturem

Desejo querer bem as pessoas certas. Não quero ficar tão vazia por causa das ações de pessoas fraturadas que não tenha nada mais para dar a ninguém. E não quero me tornar tão destruída a ponto de funcionar como um canal da bondade de Deus neste mundo.

Por quase uma década, dificuldades e angústias implacáveis ameaçaram moldar-me e me transformar em alguém que não sou. Por isso aprendi a prestar muita atenção nos meus pensamentos, sentimentos e ações. Eu os confronto com a verdade, assim como Paulo nos ensina em 2Coríntios 10.5: “Destruímos argumentos e toda altivez que se levanta contra o conhecimento de Deus e levamos cativo todo pensamento para torná-lo obediente a Cristo.”.

Esse versículo me motiva, mas às vezes inclino a cabeça e me pergunto: *Como essa verdade pode me ajudar nesta situação que vivo agora... com esse coração partido... com essa realidade de relacionamento enlouquecedora?*

Basicamente, não posso deixar que o *pensamento* fraturado de outras pessoas me afete a ponto de desalinhar o meu pensamento com a verdade de Deus. Não posso deixar que os *sentimentos* fraturados de outras pessoas me afetem a ponto de desalinhar os meus sentimentos com a verdade de Deus. E não posso deixar que as *ações* de outras pessoas me afetem a ponto de desalinhar as minhas ações com a verdade de Deus.

Porque, quando qualquer parte de mim se desvia da verdade de Deus, eu traio a melhor versão de mim mesma.

Precisamos saber quem somos, para não nos perdermos nas realidades fraturadas dos outros. Não podemos viver para satisfazer as demandas irreais das outras pessoas.

Então, pergunto novamente: *quem é você?* Se você é gentil, os limites certos são feitos para ajudá-la a permanecer gentil. Se você é responsável, os limites certos ajudam você a permanecer responsável. Se você é leal, os limites certos ajudam você a permanecer leal. Se você é generosa, os limites certos ajudam você a permanecer generosa. Continue assim, usando as qualidades que o próprio Deus mencionou sobre você. Não se baseie nas opiniões das outras pessoas, mas em quem ele a criou para ser.

A pergunta *quem é você?* é muito importante. Por isso dedicamos dois capítulos para explorá-la. E se você reconhece (como eu) que partes do seu verdadeiro eu foram fraturadas por estar em relacionamentos com pessoas fraturadas, vamos fechar este capítulo observando algumas qualidades que podemos desenvolver. E não apenas desenvolver, mas vivenciar, de modo que possamos nos manter firmes com Jesus, aquele que assegura a nossa identidade, para que não estejamos constantemente tentando descobri-la por nós mesmas. Vamos abrir a Palavra de Deus em Colossenses 3.

Colossenses 3.12-16 diz:

> Portanto, como escolhidos de Deus, santos e amados, vistam-se de profunda compaixão, bondade, humildade, mansidão e paciência. Suportem uns aos outros e perdoem as queixas que tiverem uns contra os outros. Perdoem como o Senhor os perdoou. Sobre todas essas coisas, porém, vistam-se do amor, que é o elo perfeito. A paz de Cristo deve ser o juiz no coração de vocês, visto que foram chamados para viver em paz, como membros de um só corpo — e sejam agradecidos. Que a palavra de Cristo habite plenamente em vocês. Ensinem e aconselhem uns aos outros com toda a sabedoria; cantem salmos, hinos e cânticos espirituais a Deus com gratidão no coração.

Nesse mesmo capítulo 3, Paulo nos diz que eles "se vestiram de novo" (versículo 10). A linguagem de Paulo sobre "vestir-se de novo" remete a roupas reais que os reis e importantes oficiais do reino usavam ao retornar vitoriosos da batalha nos tempos bíblicos. De maneira semelhante, se um rei ou um oficial fosse derrotado em batalha, haveria uma cerimônia em que tirariam suas roupas reais e colocariam nele roupas representando sua derrota, enquanto geralmente o levariam à morte.[1]

Na linguagem de Paulo em Colossenses 3, "vestir-se de novo" e "despir" se referem a este contexto ancestral. Se dizemos que temos uma lealdade a Jesus, mas vestimos roupas de derrota, que são coisas como raiva, fúria, malícia, calúnia, linguagem obscena e mentiras, isso, na verdade, aponta para uma falsa lealdade.[2]

Em vez disso, Paulo nos diz para vestir as nossas roupas de vitória dadas a nós por Jesus (compaixão, bondade, humildade, mansidão, paciência, perdão, amor, unidade, paz, gratidão, sabedoria). Essas qualidades mostram ao mundo evidências da nossa lealdade fiel ao nosso Rei Jesus vitorioso.

Estamos caminhando em vitória. Portanto, devemos vestir as nossas roupas de vitória. Não se trata apenas de sermos gentis porque temos uma tendência natural a querer ser gentis. Ou que somos pacientes porque temos uma tendência natural a ser pacientes. Mostramos essas qualidades externas devido a uma compreensão interna de quem somos. A Bíblia afirma claramente que somos escolhidas, santas e amadas por Deus; veja o início de Colossenses 3.12.

O melhor de quem somos é possível graças ao melhor do que Deus fez por nós. Ele nos escolheu. Ele nos separou para seu propósito santo. E ele nos ama com um amor intencional e dedicado que não desiste de nós.

Os limites que estabelecemos são salvaguardas que mantêm a nossa lealdade a ele intacta. Então, quando você responde à pergunta *Quem sou eu?*, Colossenses 3 é um ótimo lugar para começar. E, por favor, observe que essas qualidades mencionadas por Paulo não são uma lista exclusiva. Ao longo da Bíblia, você pode encontrar muitas outras qualidades que honram a Deus para ajudá-la a fincar uma

---

1. Pao, David W. **Colossians and Philemon**, Zondervan Exegetical Commentary on the New Testament. Grand Rapids, MI: Zondervan, 2012. p. 173.

2. É interessante notar que Colossenses 3.5 menciona mais roupas de derrota, como a imoralidade sexual, o que também pode trazer uma verdade sobre o motivo de a esposa mencionada anteriormente não estar errada em abordar a pornografia.

estaca no chão e declarar a sua lealdade a Jesus, e não às opiniões em constante mudança dos outros.

Lembra-se da história que contei no capítulo anterior sobre a sala de aula? Recentemente, voltei mentalmente àquela sala de tantos anos atrás. Refiz o meu caminho até o mural e me concentrei no meu nome especificamente. Removi o cartão vermelho. E depois o amarelo. E até removi o verde também.

Coloquei-os de lado.

Olhei para a regra de ouro e me perguntei por que agora eu a parecia entender como "Trate os outros de modo que pensem bem de você". Isso não é de forma alguma o que a regra dizia. Acho que deixei escapar o fato de que a regra de ouro em si é uma referência a limites. "Trate os outros... como você gostaria de ser tratada".

Em outras palavras, talvez não devêssemos nos esquecer de também tratar os outros como os outros nos tratam.

Então, dei o passo mais importante de todos. Removi o meu nome do mural e saí da sala de aula. Era hora de reivindicar quem sou. Eu sou quem Deus diz que sou. E, embora eu ainda consiga apreciar e amar a lição bem-intencionada daquele mural de anos atrás, é muito bom não ser mais definida por ele.

Uma nota do Jim sobre estabelecer limites

Neste capítulo, Lysa deu o exemplo da mulher que tentava estabelecer limites após descobrir os problemas contínuos de seu marido com a pornografia. Quero ressaltar que há uma grande diferença entre *tentar* estabelecer um limite e realmente *aplicá-lo*. Mas o primeiro passo, antes que a esposa faça qualquer coisa, deve ser buscar o apoio profissional de um conselheiro especializado em trauma e traição de parceiros para que ela não esteja sozinha. É essencial que ela se sinta preparada antes de conversar com o marido sobre limites.

Com as mulheres que aconselho, desenvolvemos uma estratégia para os limites necessários serem comunicados e implementados no momento e no ambiente certos. Também determinamos consequências apropriadas para violações específicas de limites. Literalmente, fazemos uma lista que diz: "Se ele fizer isso, você faz isso". O que é comunicado de forma vaga permanece vago, então queremos ser o mais específicas possível.

A esposa precisa de fato observar como seu marido responde quando ela comunica os limites. Ele resiste e se opõe aos limites ou está disposto a buscar a recuperação? Às vezes, a parte mais difícil de toda essa situação é a mentira, o ocultamento, a negação e a projeção de seus problemas nela. Mas a esperança surge quando ele está disposto não apenas a trabalhar a questão da pornografia, mas também a curar o trauma dentro dele. Esse trauma é geralmente a verdadeira força motriz por trás dessa forma de agir.

A razão número um pela qual não vejo as pessoas aplicarem limites em torno da pornografia e da infidelidade é a dor pelo que perderam e pelo que podem perder. Incentivo as mulheres angustiadas, dizendo que muitas outras superaram isso, e elas também superarão. Busque apoio. Tenha um plano que inclua limites, consequências e responsabilidades. Desenvolva um protocolo para o que fazer se os limites e o plano forem violados. Se o seu marido não quiser ir à terapia com você, procure terapia individual para que você possa lidar com o trauma pessoal que vivencia.

É hora de aplicar o que aprendemos...

RECORDE:

- Se as pessoas constantemente nos irritam, nos frustram, nos cansam ou passam por cima de nós, há grandes chances de que não sejam as pessoas certas na nossa vida ou de que não demos os limites certos a elas.

- Limites saudáveis trazem alívio à dor de deixar que as opiniões, os problemas, os desejos e as pautas das outras pessoas controlem a nossa vida.
- O fato de alguém estar desapontado não faz de nós uma decepção.
- Devo permanecer íntegra mantendo o que sei, o que sinto e o que faço alinhados com a verdade de Deus sobre quem sou.
- Não quero ficar tão vazia por causa das ações de pessoas fraturadas que não tenha nada mais para dar a ninguém.
- Pessoas íntegras tendem a gravitar em torno de pessoas íntegras. Pessoas fraturadas tendem a atrair outras pessoas fraturadas.

RECEBA:

Pratique a justiça, ame a lealdade e ande humildemente com o seu Deus. (Miqueias 6.8)

Destruímos argumentos e toda altivez que se levanta contra o conhecimento de Deus e levamos cativo todo pensamento para torná-lo obediente a Cristo. (2Coríntios 10.5)

REFLITA:

- Leia a seguinte afirmação deste capítulo: “Precisamos saber quem somos para não nos perdermos nas realidades fraturadas dos outros. Não podemos viver para satisfazer as demandas irreais de outras pessoas”. Como isso vem de encontro com a sua realidade pessoal?
- Quais são algumas das qualidades que você aprecia em si mesma e que deseja garantir que as pessoas que ama experimentem quando passam tempo com você? Como os limites podem ajudar a tornar as suas melhores qualidades cada vez mais evidentes?

ORAÇÃO:

Pai Celestial, ao pensar nas palavras cheias de verdade que acabei de ler, o meu coração é confortado pelo fato de que nada e ninguém além do Senhor me define. Quem sou se mantém completamente protegido por aquilo que o Senhor fez por mim. Ajude-me a fazer escolhas que estejam alinhadas com a sua verdade. À medida que processo as palavras ditas a mim ou sobre mim por outros, ajude-me a me desfazer de toda falta de perdão, amargura ou ressentimento que eu possa precisar levar ao Senhor. Obrigada por abrir um caminho para que eu viva da forma mais saudável, para que sua luz brilhe ainda mais forte através de mim, para que outros possam ver. Em nome de Jesus, amém.

Capítulo 9

Do que tenho tanto medo?

Eu temia fazer uma ligação para uma pessoa com quem havia compartilhado a vida e feito trabalhos voluntários por anos. Não havia estabelecido um limite com essa pessoa e sabia que deveria tê-lo feito. Para ser sincera, tentei estabelecer limites com ela muitas vezes. Tantas vezes, na verdade, que percebi que, toda vez que tentava, ela não me levava a sério, porque eu sempre cedia. Por fim, ela sempre encontrava uma maneira de me fazer duvidar de que manter o limite era uma boa ideia. Eu conseguia estabelecer limites com outras pessoas, mas não com ela.

Então, ela continuava exigindo cada vez mais de mim. E eu continuava cedendo cada vez mais.

Sou uma pessoa com muita capacidade. Tenho muita energia e, de fato, adoro amar e servir as pessoas ao meu redor. E, quando é possível fazer muito e a pessoa se sente bem ao fazer isso, então não parece ser um grande problema. Até atingir um limite. Todas as pessoas têm limites: físicos, financeiros, relacionais e emocionais. Ninguém é ilimitado. O sinal evidente de que eu havia atingido um limite era o nível de ansiedade que sentia quando essa amiga me ligava ou me mandava mensagens. Apenas ver o nome dela no visor do meu telefone fazia o meu pulso acelerar e uma sensação de apreensão me invadir.

Então, na pressa de tentar voltar para a calmaria, eu respondi sim rápido demais a um pedido e sabia que precisava ligar de volta e dizer que simplesmente não poderia fazê-lo. Nos momentos que antecederam essa ligação, senti uma enorme sensação de desconforto no fundo do estômago. Quero ser uma mulher de palavra, e agora precisava voltar atrás no que havia concordado em fazer. Mas integridade não é perfeição. Integridade é uma honestidade humilde diante do Senhor e das outras pessoas. Então, eu sabia que precisava ser honesta com essa amiga e abordar a situação toda com humildade.

Comecei a ligação com um pedido de desculpas.

— Por favor, perdoe-me por ter dito sim ao seu pedido quando deveria ter dito não. Como te amo, fazê-la feliz me traz muita alegria. E, porque quero estar em paz contigo e ser apreciada por você, deixei o meu desejo de agradá-la passar na frente da minha avaliação honesta da situação. Mas agora a minha ansiedade em dizer sim está fazendo soar um alarme dentro do meu coração, indicando que tomei a decisão errada. Então, preciso me retratar e dizer não.

Eu queria que ela fosse compreensiva. Queria que apreciasse a minha honestidade e respeitasse como foi difícil para mim ter aquela conversa. Mas nada disso aconteceu. Consegui perceber imediatamente a raiva que ela estava sentindo. Na cabeça dela, ouvir um não de mim não era uma opção. Ela queria o que queria. E, em sua defesa, o fato de eu ter dito sim alguns dias antes a tinha feito criar expectativas, o que tornava essa decepção ainda mais frustrante para ela agora.

Mas o que ela estava pedindo teria me custado demais emocionalmente e em termos de tempo do que eu tinha para dar. Quando inicialmente disse sim ao que ela havia me pedido, estabeleci alguns parâmetros para tornar a situação administrável. O problema era que havia um longo histórico de ela ultrapassar limites e não respeitar os meus parâmetros. Então, por vários dias após dizer sim, continuei imaginando o que poderia acontecer e provavelmente aconteceria para que tudo saísse do controle.

Mais uma vez, eu tinha dado àquela pessoa um acesso de alto nível quando já sabia que ela não corresponderia com o mesmo nível de responsabilidade. Coloquei a mim mesma em uma situação em que esperava que ela tomasse as decisões certas para que a minha ansiedade pudesse ficar sob controle.

Terminei a conversa tensa dizendo: — Eu nunca deveria tê-la colocado em uma posição em que espero que você gerencie a minha ansiedade por mim. Isso é responsabilidade minha. Portanto, estou disposta a decepcioná-la agora para evitar que isso acabe mal para nós duas mais tarde.

Eu adoraria dizer que, quando terminamos a conversa, estávamos envoltas em uma atmosfera de arco-íris e emojis de coração. Não. Não houve nada divertido na nossa conversa. Contudo, um momento de clareza absoluta para mim surgiu dessa situação, o que foi muito bom.

Depois que desliguei o telefone, tentei entender o que se passava no meu coração. Havia muita emoção, mas eu estava tendo dificuldade em identificar os meus sentimentos. Eu estava orgulhosa de mim por comunicar o limite? Estava triste por ela ter ficado tão chateada comigo? Estava decepcionada comigo mesma por não poder fazer o que a minha amiga pedia? Estava frustrada? Estava aliviada?

Não, nada disso.

O sentimento era medo.

Eu estava com medo. Mas do que exatamente eu tinha tanto medo?

Era algo mais profundo do que apenas ter medo de decepcioná-la. Era mais profundo do que apenas ter medo de deixá-la brava e perturbar-lhe a paz.

Eu tinha medo de que, por ter dito não e estabelecido um limite, ela se afastasse de mim. E de que ela levasse consigo algo de que eu precisava. A minha motivação em querer agradá-la era em parte porque eu a amava, mas também porque eu amava sentir que, se a mantivesse feliz, ela não se afastaria de mim.

Não é divertido admitir isso. Passei por muitos traumas e perdas em um curto período de tempo. Então, a ideia de perder mais uma pessoa me deixava em pânico. Porém, tornar-me alguém que só agrada as outras pessoas não era a solução. Nenhum trauma é curado de maneira saudável desenvolvendo maneiras tóxicas de lidar com ele.

Eu também sabia que não deveria fingir que não tinha as minhas próprias necessidades. Certa vez, uma amiga me disse que a melhor maneira de nunca se decepcionar com as pessoas é não criar expectativa alguma sobre elas. Mas isso não pareceu certo. Fazer qualquer coisa de forma extrema não me parece sustentável. Além disso, os seres humanos foram projetados por Deus para viver em comunidade. Somos humanos com necessidades, e deveríamos nos alegrar por nos relacionar com os outros e atender às necessidades deles, e vice-versa. Entretanto, era bem nesse ponto que eu errava. Eu estava tão preocupada com a possibilidade de ser rejeitada por ela que continuei aceitando sua irresponsabilidade como se não houvesse nada que eu pudesse fazer a respeito.

Eu queria ser escolhida e valorizada por ela. Isso não é algo ruim.

Mas, para mim, era mais que isso. Para ser sincera, eu sentia que *precisava ser* escolhida e valorizada por ela, ou não conseguiria me sentir estável e segura.

Você percebe a diferença entre "quero ser" e "preciso ser"?

Quero ser é movido por um desejo. *Preciso ser* é movido por uma exigência. E, quando os nossos desejos se transformam em exigências, corremos o risco de cair na forma mais grave de agradar os outros. Não estou falando da forma de agradar as pessoas na qual apenas queremos manter alguém feliz para que essa pessoa goste de nós. Falo do medo de que as nossas necessidades não sejam atendidas se estabelecermos limites saudáveis com alguém, e por isso deixamos a pessoa se aproveitar completamente de nós.

Quando dedicamos a maior parte da nossa energia e dos nossos esforços diários tentando com tanta intensidade manter um relacionamento "bom" com outra pessoa, deixamos de prestar atenção no nosso próprio bem-estar. Com isso, corremos um grande risco de nos tornarmos a pior versão de nós mesmas: exaustas, deprimidas, céticas, distantes, inseguras, amargas, e nos sentindo constantemente exploradas e manipuladas. Podemos chegar a um lugar muito tóxico sem perceber o que está acontecendo. E, antes de perceber, nada do que estamos fazendo pelas pessoas é motivado pelo amor autêntico. Na verdade, não tem nada a ver com elas em absoluto, tem a ver com o fato de obter de alguém aquilo sem o que sentimos que não conseguimos viver.

- Podemos facilmente perder o nosso senso de autoestima quando apenas nos sentimos:
- *aceitáveis* se formos vistas como a pessoa com quem todos podem sempre contar.
- *no controle* quando as pessoas nos veem como importantes e respeitam as nossas opiniões.
- *valiosas* quando temos algo impressionante para dar ou fazer por elas.
- *amadas* quando atendemos a suas necessidades, estamos disponíveis para o que elas querem fazer e continuamos dizendo sim a seus pedidos.

Observe a lista a seguir e circule as necessidades que você costuma incorporar aos relacionamentos:

Ser validada	Ser amada
Ter controle	Ser protegida
Ser querida	Ser única
Ser considerada perfeita	Ser respeitada
Ser boa	Ser gentil
Estar em boa posição	Ser apoiada
Ser apreciada	Ser admirada
Ser valorizada	Ser a especialista
Ser escolhida	Ser a cristã modelo
Ser bonita	Ser a heroína
Ser compreendida	Ser o centro das atenções
Estar em paz	Ser necessária
Ter razão	Ser aceita
Estar no comando	Ser a responsável

Usando as necessidades que você circulou nesta lista, faça uma reflexão pessoal e uma avaliação sincera.

DECLARAÇÃO DE REFLEXÃO

Preciso ser ________________________ (por exemplo, a heroína) a tal ponto que não estou disposta a estabelecer e manter um limite saudável? Tenho medo de que isso me custe demais? Isso poderia me custar ser ________________________ (por exemplo, admirada) por essa pessoa; portanto, o limite não vale a pena. Prefiro que as coisas permaneçam como estão a arriscar que uma mudança me custe o que recebo ao agradar as pessoas.

Pensar sobre isso é difícil para mim. E esse é exatamente o ponto de todo este capítulo.

Agradar às pessoas não significa apenas manter os outros felizes. Trata-se de conseguir delas o que pensamos que precisamos para nos sentir bem no mundo.

Sei que algumas pessoas dirão: "Não tenho problema com a questão de agradar às pessoas".

Mas, se você sente que precisa de algo dos outros, talvez queira continuar lendo. E, se não for por você, então por todas as outras pessoas que podem estar tentando agradá-la para conseguir o que querem.

Esse tipo de complacência é a necessidade de buscar algo de outra pessoa para ganho pessoal. Mas não apenas buscar o que achamos que precisamos de outra pessoa dentro de limites razoáveis. Podemos facilmente nos desviar, nos distrair e nos destruir quando não conseguimos o que achamos que devemos ter. Portanto, garantir que alguém satisfaça às nossas necessidades se torna uma das nossas principais motivações e um recurso vital para nos sentirmos estáveis e seguras. Quanto menos recebemos o que sentimos que precisamos de alguém, mais somos tentadas a reagir de maneiras extremas.

Ou nos esgotamos devido a todo tipo de complacência, ou acabamos desistindo e nos afastando.

Limites saudáveis nos ajudam a encontrar o caminho do meio. Eles nos ajudam a ver que não é errado termos necessidades. E não é errado que as outras pessoas também as tenham. Na verdade, é bom que deixemos claras as nossas necessidades e tenhamos conversas sinceras nos nossos relacionamentos sobre as necessidades realistas de ambas as partes. Mas é importante não ultrapassar os limites e exigir que as nossas necessidades sejam responsabilidade de outra pessoa. E não devemos permitir que outras pessoas exijam que satisfazer às necessidades delas seja responsabilidade nossa.

Ao examinar as minhas necessidades, perguntei a mim mesma repetidas vezes: Por que eu sacrificaria o meu bem-estar tentando fazer que as pessoas me deem aquilo de que preciso a qualquer custo? Com o que estou lutando de verdade? O que me leva a estar tão insegura? Qual é o grande temor na minha alma? Além do medo de que as outras pessoas se afastem de mim, qual é o medo mais profundo que está por trás de tudo isso?

Talvez seja algo mais profundo do que apenas o meu medo de alguém me rejeitar. Embora isso certamente faça parte da razão pela qual eu preferiria continuar dizendo sim a pedidos nada realistas das outras pessoas, mesmo quando sei que deveria dizer não, há algo ainda mais profundo acontecendo aqui.

Talvez a verdadeira questão central seja que temo haver uma lacuna devastadora entre o que penso que preciso e o que Deus proverá de fato. Talvez eu tema que precise obter das pessoas o que não tenho certeza de que Deus me proverá. E, se eu temer que a provisão de Deus é incompleta, devo preencher essa lacuna com outras pessoas, ou não darei conta desse vasto mundo, às vezes assustador, frequentemente ameaçador e sempre caótico. Portanto, fiz das pessoas a resposta para a minha segurança, em vez de confiar no próprio Deus.

Uau!

Trata-se de uma segurança invertida, que apenas nos torna mais inseguras a cada constatação de que as pessoas não são projetadas para nem são capazes de preencher as lacunas das nossas dúvidas sobre Deus.

A cortina de fumaça é a seguinte: "Não quero parecer indelicada ou anticristã ao estabelecer limites". Mas a verdade nua e crua é que sempre desejaremos desesperadamente das outras pessoas o que tememos nunca receber de Deus.

E não podemos ser para a outra pessoa o que ela teme nunca receber de Deus. Se você quer ser uma boa esposa, amiga, colega de trabalho, filha, irmã ou vizinha, não será por se tornar a salvadora de outra pessoa. Impedir alguém de sentir a própria necessidade desesperada de Deus não é amor, é crueldade. O pai da igreja primitiva, Orígenes, disse: "Pois quem não conhece de antemão a sua fraqueza ou a sua doença, não pode buscar um médico; ou, pelo menos, após recuperar a saúde, essa pessoa não será grata ao médico que não reconheceu antes a natureza perigosa de sua enfermidade".[1] Se alguém nunca se torna consciente de sua própria necessidade por Deus, nunca abraçará verdadeiramente o que apenas Deus pode lhe dar.

Tentar agradar as pessoas não satisfaz a nós nem ao outro, e certamente não agrada a Deus. Estou descobrindo que, se tenho uma necessidade e peço algo a outra pessoa, isso é aceitável. Mas, se tenho uma necessidade e exijo isso de alguém, é um sinal de que ultrapassei os limites e estou querendo do outro o que eu deveria buscar em Deus. Mas aqui está o que passei a entender: talvez Deus permita essa necessidade em mim para que eu tenha a motivação de pedir ajuda a ele.

E o mesmo ocorre com as necessidades das outras pessoas. Talvez Deus permita que alguém experimente um desconforto temporário para que essa pessoa entregue seus desejos mais profundos a ele e receba o que, em última análise, nós nunca poderemos dar a essa pessoa. Se você está constantemente se sentindo culpada pelo que os seus limites causarão na vida de outra pessoa, por favor releia a última frase. Logicamente, permita que o Espírito Santo fale sobre as nuances da sua situação em particular, e seja razoável e sensata.

---

1. ORÍGENES, "De Principiis", in **Fathers of the Third Century: Tertullian, PartFourth; Minucius Felix; Commodian; Origen, Parts First and Second**, ed. Alexander Roberts, James Donaldson, and A. Cleveland Coxe, trans. Frederick Crombie, The Ante-NiceneFathers 4. Buffalo, NY: Christian Literature Company, 1885. p. 313-14.

Sempre desejaremos desesperadamente das outras pessoas o que tememos nunca receber de Deus.

Não queremos estar vazios de graça. Mas também não queremos roubar de alguém o bom resultado que pode acontecer se essa pessoa reconhecer que você não é uma fonte ilimitada. O ponto principal é que não devemos e, definitivamente, não podemos ser a pessoa que suprirá tudo aquilo de que outra pessoa precisa.

Porque Deus tem um suprimento ilimitado, só ele pode suprir a todas as nossas necessidades (Filipenses 4.19). Porque Deus nos criou, só ele pode verdadeiramente acessar as profundezas e a plenitude do coração de alguém (Romanos 8.26-27). Porque nada é difícil demais para Deus, só ele pode sustentar o tipo de entrega pela qual uma alma desesperada anseia (Jeremias 32.27).

Somente Deus pode fazer tudo isso pela minha alma. Pela sua alma. E pela alma de cada pessoa.

Lembre-se: Jesus realmente realizou muito atos de amor incríveis e se sacrificou pelos outros. Ele alimentou pessoas, lavou seus pés, as ensinou, as consolou e modelou uma maneira diferente de agir e pensar. Mas não fez isso para que as pessoas preenchessem uma necessidade dele. Ele serviu *a partir* de um lugar de plenitude, e não *para* se sentir pleno (Mateus 20.28).

E muitas vezes ele fez pelos outros apenas o que eles não podiam fazer por si mesmos. Ofereceu o que somente ele poderia fazer e, então, exigiu que os outros fizessem o que podiam fazer. Jesus colocou lama nos olhos do cego, mas então disse ao cego para ir se lavar no tanque por conta própria. Ele não foi buscar a água para o cego. Ele curou o homem coxo e disse para ele se levantar, pegar seu leito e andar por si mesmo. Ele não carregou o homem nem seu leito. Jesus teve compaixão da mulher pega em adultério. Ele não aprovou suas ações, mas disse a ela para ir e deixar sua vida de pecado.

Jesus foi obediente a Deus e amou as pessoas. Ele não agradou as pessoas esperando ser benquisto e aceito por todos. E, quando as pessoas não gostaram do que ele tinha a dizer e se afastaram, e muitos o fizeram, ele não ignorou o limite estabelecido, não correu atrás delas e não implorou para que o aceitassem de volta. Jesus amava as pessoas de forma suficiente para dar a elas a escolha de se afastar.

Ao longo das Escrituras, Deus sempre deu a seu povo a opção de segui-lo ou seguir seu próprio modo de pensar. "Mas o meu povo não quis ouvir-me; Israel não quis obedecer-me. Por isso, eu os entreguei ao seu coração obstinado, para seguirem os seus próprios planos" (Salmos 81.11-12).

Deus nos chama a obedecer-lhe. Deus não nos chama a obedecer a cada desejo e capricho das outras pessoas. Deus nos chama a amar os outros. Deus não nos chama a exigir que eles nos amem de volta e satisfaçam todas as nossas necessidades.

Se você é uma pessoa que gosta de destacar frases, vá em frente e marque em amarelo o último parágrafo. Escreva essas verdades em *post-its* e cole-as no espelho do banheiro, na mesa de cabeceira, no telefone, no calendário e até na testa, se desejar. Tudo bem, talvez não na testa, mas você entendeu o que quero dizer.

Então, o que fazemos se estivermos presas na armadilha desse tipo de complacência? Comece gerenciando a sua própria mente.

Na situação que mencionei no início deste capítulo, precisei enfrentar o meu medo de não obter a segurança que desejava da minha amiga e o risco de ela se afastar de mim caso eu estabelecesse um limite.

Vamos encerrar este capítulo aprendendo algumas maneiras de controlar os nossos pensamentos. Primeiro, vamos olhar novamente para a Declaração de Reflexão de algumas páginas atrás. Eu a preencherei usando a mim mesma como exemplo e, em seguida, você trabalhará na sua própria Declaração de Reflexão a seguir.

> Preciso ser *aceita* a tal ponto que não estou disposta a estabelecer e manter um limite saudável? Tenho medo de que isso me custe demais? Isso poderia me custar ser *apoiada* por essa pessoa; portanto, o limite não vale a pena. Prefiro que as coisas permaneçam

como estão a arriscar que uma mudança me custe o que recebo ao agradar as pessoas.

Agora, vamos reescrever.

Preciso ser *aceita*. Mas agora reconheço que sacrificar limites saudáveis para obter *o apoio de alguém* é a maneira errada de atender à(s) minha(s) necessidade(s).

Agora, tente:

E preciso ser ___________________ a tal ponto que não estou disposta a estabelecer e manter um limite saudável? Tenho medo de que isso me custe demais? Isso poderia me custar ser ___________________ por essa pessoa; portanto, o limite não vale a pena. Prefiro que as coisas permaneçam como estão a arriscar que uma mudança me custe o que recebo ao agradar as pessoas.

Agora, vamos reescrever.

Preciso ser ___________________. Mas agora reconheço que sacrificar limites saudáveis para obter ___________________ é a maneira errada de atender à(s) minha(s) necessidade(s).

Se não estivermos convencidas da utilidade de um limite para nós, teremos medo do que o limite nos custará.

Então, se eu entender que estou me sentindo ameaçada pelo medo do que alguém pode tirar de mim, antes de estabelecer o limite, preciso pesar o risco e a recompensa com antecedência.

O risco de estabelecer este limite

Temo que a minha amiga se afaste de mim. Contudo, se ela é o tipo de pessoa que pode se afastar agora, então mesmo que eu tente agradá-la no mais alto nível humanamente possível, há grandes chances de que ela se afaste de qualquer jeito, não importa o que eu faça.

Temo que ela fique desapontada comigo se eu não fizer o que ela quer. Mas, se esta é a forma como o nosso relacionamento funciona, então é provável que ela acabe se desapontando comigo de qualquer maneira.

Temo perder algo que não quero perder se estabelecer um limite com essa pessoa. Mas, se a minha amiga tende a negar seu apoio, então é provável que eu o acabe perdendo de qualquer forma.

Relacionamentos saudáveis não são ameaçadores. Relacionamentos amorosos não são cruéis. Relacionamentos seguros não sentem que tudo pode implodir se você ousar estabelecer um limite.

Então, à luz de tudo isso, o que você mais teme ao estabelecer um limite?

Se o medo que você acabou de listar se concretizar, o que acontece?

E o que poderia acontecer depois? E logo em seguida? Pense nisso passo a passo.

Quais aspectos dos seus medos são legítimos?

Quais aspectos dos seus medos são impulsionados por algo que você sente precisar dessa pessoa?

Se você não estabelecer um limite, quais efeitos negativos isso terá sobre a sua vida? Quais efeitos negativos isso terá sobre o relacionamento?

Pense sobre esses efeitos negativos em você. Se nada mudar, esse relacionamento é sustentável a longo prazo?

Ao dizer constantemente sim a essa pessoa, de que forma você pode estar impedindo o que Deus pode estar tentando fazer com ela?

A recompensa de estabelecer este limite

Para encontrar as recompensas, considere algumas das seguintes perguntas. Mesmo que leve algum tempo para analisá-las, vale a pena. É melhor pensar nisso agora do que sofrer com disfunções relacionais contínuas.

Se não estivermos convencidas da utilidade de um limite para nós, teremos medo do que o limite nos custará.

Relacionamentos amorosos não são cruéis. Relacionamentos seguros não sentem que tudo pode implodir se você ousar estabelecer um limite.

Que parte da sua força emocional ou física você poderia recuperar se estabelecer esse limite?
O que Deus poderia fazer por você se você estabelecer esse limite?
Como esse limite pode ajudar você a parar de se sentir impotente ou refém das opiniões, julgamentos, expectativas irreais e comportamentos inaceitáveis dessa pessoa?
Como estabelecer esse limite melhoraria o seu humor, a sua atitude ou a sua saúde?
Como estabelecer esse limite pode ajudar você a parar de evitar e começar a aproveitar os momentos com essa pessoa?
Como estabelecer esse limite pode ajudar esse relacionamento a se tornar mais saudável ao longo do tempo?
De que maneira esse limite pode ajudar a acalmar os medos que você sente nesse relacionamento?

Hoje, trabalhei neste capítulo enquanto estava perto do mar, assistindo ao nascer do sol. O mar se estendia até onde os meus olhos podiam ver, e as cores do céu eram hipnotizantes. Eu estava com alguns amigos, e ao observarmos o enorme sol redondo finalmente surgir no horizonte, ficamos boquiabertos diante de tanta beleza. A minha amiga Shelley disse: "Não é incrível como uma bola de fogo está perto o suficiente para nos manter aquecidos, mas não tão perto que nos queime?". Esta é realmente a mais incrível realidade! Então comentei: "E não é incrível que nenhum de nós esteja com medo? Quer dizer, medo de que outra enorme bola de fogo poderia aparecer, e todos apenas se sentariam e contemplariam sua beleza, em vez de correrem aterrorizados e desesperados para escapar? Mas, como conhecemos aquele que colocou o sol ali, não temos medo. Estamos confortados e encantados o suficiente para tirar cem fotos".

É isso o que quero para nós e nossas necessidades. Sabemos que Deus nos criou com necessidades e nos colocou em relacionamentos. Mas, assim como o sol, os nossos relacionamentos devem estar perto o suficiente para nos confortar, mas não tão perto que nos consumam completamente. Senhor, que assim seja.

Uma nota do Jim sobre como enfrentar as dificuldades

Embora Jesus nos encoraje a sermos como crianças com ele, ele não quer que sejamos imaturos na maneira como lidamos com a nossa vida adulta. "Quando eu era menino, falava como menino, pensava como menino e raciocinava como menino. Quando me tornei homem, deixei para trás as coisas de menino" (1Coríntios 13.11).

Lembre-se, as crianças têm parâmetros estabelecidos para garantir que não usem as coisas em excesso, nem se machuquem ou machuquem os outros. Em tempos de trauma ou dor relacional, é especialmente importante que prestemos atenção nisso e tomemos decisões adultas para nós mesmas.

Maneiras tóxicas de enfrentar as dificuldades:

- Assistir a Netflix ou TV em excesso
- Uso excessivo de álcool ou drogas
- Raiva ou retaliação
- Sarcasmo ou cinismo excessivos
- Gastos compulsivos ou alimentação emocional
- Uso excessivo de mídias sociais
- Uso de pornografia ou infidelidade sexual

Maneiras saudáveis de enfrentar as situações:

- Cuidado pessoal intencional (fazer uma caminhada, ler um livro útil, ter sono adequado)
- Jantar com amigos de confiança
- Encontrar um novo passatempo criativo (pintura, culinária, escrever poesia)
- Participar de sessões regulares de terapia
- Informar-se sobre tópicos espiritualmente e emocionalmente saudáveis relacionados à sua cura (podcasts, estudos bíblicos, recursos online, workshops e seminários)
- Fazer anotações e memorizar as Escrituras

É hora de aplicar o que aprendemos...

RECORDE:

- Agradar as pessoas não significa apenas manter os outros felizes. Trata-se de conseguir deles o que pensamos que precisamos para nos sentir bem no mundo.
- Sempre desejaremos desesperadamente das outras pessoas o que tememos nunca receber de Deus.
- Jesus serviu *a partir de* um lugar de plenitude, e não *para* se sentir pleno.
- Jesus amou as pessoas o suficiente para dar a elas a escolha de se afastar.
- Quando as pessoas não gostaram do que Jesus tinha a dizer e se afastaram, ele não ignorou o limite estabelecido, não correu atrás delas e não implorou para que o aceitassem de volta.
- Somente Deus é ilimitado.
- Relacionamentos seguros não sentem que tudo pode implodir se você ousar estabelecer um limite.

RECEBA:

Tal como o Filho do homem, que não veio para ser servido, mas para servir e dar a sua vida em resgate por muitos. (Mateus 20.28)

O meu Deus suprirá todas as necessidades de vocês, de acordo com as suas gloriosas riquezas em Cristo Jesus. (Filipenses 4.19)

"Eu sou o Senhor, o Deus de toda a humanidade. Há alguma coisa difícil demais para mim?" (Jeremias 32.27)

REFLITA:

- Agradar as pessoas não significa apenas de manter os outros felizes. Trata-se de conseguir delas o que pensamos que precisamos para nos sentir bem neste mundo. Pense em um relacionamento em que você teme dizer não a alguém. À luz do que discutimos neste capítulo, qual é a verdadeira razão do seu medo?
- Ao dizer constantemente sim a essa pessoa (ou a essas pessoas), de que forma você pode estar impedindo o que Deus pode estar tentando fazer com elas?
- Qual benefício você poderia obter ao estabelecer esse limite?

ORAÇÃO:

Senhor, obrigada por sempre estar ao meu lado. O Senhor nunca se cansa dos meus pedidos de ajuda. Peço discernimento enquanto considero cuidadosamente e em oração quando estender um "sim" ou "não" a outras pessoas na minha vida. À medida que continuo a estabelecer os limites necessários, peço que a sua paz guarde o meu coração e a minha mente durante essas decisões e conversas difíceis. Hoje, peço que me lembre de quanto o Senhor me ama para que eu esteja menos tentada a buscar nos outros aquilo que realmente deveria buscar no Senhor. Em nome de Jesus, amém.

desperdiças podem ser boas mesmo!

[illegible]

Capítulo 10

Despedidas podem ser boas mesmo?

Encarei o meu maior medo de frente. Gostaria de poder dizer que temê-lo foi pior do que enfrentá-lo, mas isso não é exatamente verdade. É como dizer que se preparar para o impacto antes de uma colisão é pior do que o impacto real. Ambos são aterrorizantes. Provocam comoção. Ambos podem fazer que você prenda a respiração e grite ao mesmo tempo. Experimentar o impacto de uma devastação emocional tem um efeito catastrófico, que pode atingir e destruir o seu coração.

Foi o choque que doeu além do que eu jamais ousei acreditar que poderia suportar. A intensidade da dor era maior do que eu conseguia suportar. E, de alguma forma, suportei mesmo assim. Você e eu somos iguais nesse aspecto. Pois olhe para você: está respirando, apesar de ter perdido o fôlego com algumas das suas maiores esperanças. Dança mesmo com o espírito abatido. Levanta-se novamente e, embora ainda não tenha conseguido eliminar completamente as realidades difíceis, reconhece que a situação não é tão ruim assim.

Você sobreviveu àquele dia. Sobreviveu a todos os dias desde então. E está sobrevivendo a este dia também.

Então, sim, você e eu somos muito mais parecidas do que jamais saberíamos se estivéssemos apenas cruzado no corredor do pão do supermercado numa manhã aleatória de quarta-feira. Ambas pareceríamos bastante normais, seguindo com os detalhes práticos que a nossa vida exige. E, mesmo assim, entre a decisão de optar entre o pão integral e o *croissant*, uma lembrança do passado surge em sua mente e, enquanto você suspira, a dor invisível transborda junto com a sua respiração.

A lembrança era uma cena da vida que você tinha antes da perda, da desilusão, do acontecimento que fez tudo mudar.

A dor não pode ser contida. Ela não espera por momentos privados a portas fechadas. Ela transborda sempre e onde quer que nos atinja. Sei disso pois, assim como você, também já passei por essa dor. E, na próxima vez em que você se sentir intensamente sozinha enquanto chora no corredor do pão, lembre-se de que estou ali também. Há muita dor exposta por todo aquele supermercado.

O filme da minha vida, que surgiu na minha mente enquanto eu estava no corredor do pão, foi a breve lembrança da espátula, já bem velha, que usávamos para virar a rabanada sendo preparada para uma mesa cheia de crianças famintas. Na época em que havia um "nós" na cozinha da nossa vida. Na época em que aquela era a nossa mesa. A nossa tradição. Uma vida partilhada que não é mais compartilhada.

Eu nunca soube que um simples pão poderia desencadear tanta dor. Em uma manhã de quarta-feira. Um colapso no supermercado no meio da semana não estava nos meus planos. E, ainda assim, ele me atingiu.

Sobrevivemos ao que temíamos. Mas podemos sobreviver ao que recordamos?

As memórias tanto podem ser os nossos maiores tesouros quanto as nossas maiores tristezas. As boas lembranças são contadas com emojis de coração, pontos de exclamação e um entusiasmado: "Lembra daquela vez em que ____________?!!". Memórias repletas de dor estão ocultas sob camadas de dor gravadas no tecido da cicatriz emocional. E, na maioria das vezes, quando um adeus foi dito, as lembranças se tornam um emaranhado impossível de dor e grandeza, tristeza e celebração, e suspiros no corredor do pão numa manhã de quarta-feira.

Eu pergunto o porquê do termo *adeus* (*goodbye*, em inglês)? O que há de bom (*good*) em uma despedida (*bye*) que leva pedaços do seu coração que você não quer que sejam levados? O que há de bom em um adeus que faz você questionar se conseguirá sobreviver às lembranças? O que há de bom em um adeus que é impossivelmente permanente, que você não queria ou nunca esperava que acontecesse?

Vamos entrar nos detalhes sobre como e quando dizer adeus mais à frente. Mas, por enquanto, vamos apenas focar nos fundamentos do que poderia ser uma despedida.

Para ser sincera, dizer adeus é algo muito difícil para mim.

Eu já disse antes que sou leal ao extremo. E, embora isso pareça nobre, também pode ser um sinal de codependência. Estou trabalhando nisso com o meu conselheiro. E estou trabalhando no motivo de sempre ter sentido que me afastar de um relacionamento é um fracasso épico para mim como cristã. Lutei com o fato de que as despedidas sejam amargas, e às vezes são. Mas, quanto mais terapia faço e quanto mais estudo a Bíblia, mais começo a ganhar uma perspectiva diferente. Talvez a maneira como dizemos adeus possa nos ajudar a sobreviver às lembranças.

Talvez seja possível terminar um relacionamento sendo honesta sobre o que não era saudável, e ainda assim celebrar o que foi bom. Talvez seja possível ter sentimentos reais de dor, traição e decepção, mas ainda assim ver a pessoa de vez em quando e não querer correr para o banheiro mais próximo e mandar uma mensagem para a sua amiga sobre quanto você está enlouquecendo. Talvez seja possível ser honesta sobre o que não funcionou e ainda se sentir bem com as memórias boas.

Talvez isso não seja possível em algumas situações. Admito absolutamente que algumas situações são simplesmente brutais e terríveis. E tentar tratá-las com uma declaração superficial cheia de otimismo cristão e ao melhor estilo Poliana é totalmente inadequado. Ou tentar culpar a pessoa ferida por ter tido coragem de dizer adeus é mais do que cruel. Coisas como essas podem fazer alguns cristãos parecerem incrivelmente sem noção, insensíveis e simplesmente horríveis. E não vou suavizar nada disso. Vou apenas dizer que está errado. Fim.

Mas e quanto aos outros tipos de despedidas? Aquelas em que houve algo bom em algum momento. Em que houve coisas lindas. Há boas lembranças, mesmo que o bom tenha se tornado ruim e um fim fosse absolutamente necessário. Existe uma maneira de nos afastarmos mantendo a nossa integridade? Existe uma forma de deixar alguém se afastar de nós sem odiar essa pessoa? Existe alguma maneira de uma despedida ruim ainda ser um "bom" adeus?

É interessante que a frase original em inglês no final do século 1500 era: *God Be With Ye* (Deus esteja com você). A contração dessa frase foi "*Godbwye*", que acabou se tornando "*goodbye*" (adeus).[1]

Já refleti sobre a ideia de que as despedidas podem ser mais como um "vá com Deus", em vez de uma porta batida na cara da pessoa, um contato excluído e um mar de angústia. É possível que uma despedida seja mais do que um adeus com um suspiro de desgosto? Pergunto-me: quando Jesus viu o jovem rico se afastar, qual foi a expressão em seus olhos? Quando Pedro negou Jesus e o abandonou pouco antes de Jesus ir para a cruz, como foi a despedida? Um adeus que Jesus certamente sussurrou por meio de um corpo machucado e um coração partido? Pergunto-me como foi quando Judas, com um coração cheio de traição, beijou o rosto de Jesus, o traiu e depois acabou se enforcando. Como Jesus se despediu?

Nunca realmente saberei deste lado da eternidade.

Contudo, faço uma ideia de como tenha sido. Acho que Jesus se despediu da mesma forma que viveu todos os dias antes da dor, da traição, da rejeição e do abandono. Embora os relacionamentos certamente tenham mudado, o Mestre não deixou que o adeus mudasse quem ele era. Permitiu que as pessoas se afastassem sem se desprender de sua essência. Mesmo quando as pessoas se voltaram

1. "The Holy Reason We Say 'Goodbye' And What to Say Instead", **Dictionary.com**, Sep 9, 2020. Disponível em: http://dictionary.com/e/why-do-we-say-goodbye/. Acesso em: 26 fev. 2025.

Mesmo quando as pessoas se voltaram contra Jesus, ele não deixou que um adeus o transformasse em alguém que nunca deveria ser.

contra Jesus, ele não deixou que um adeus o transformasse em alguém que nunca deveria ser.

E, embora eu seja a primeira a admitir que estou longe da pureza e perfeição de Jesus, também não quero que as minhas despedidas façam parecer que não tenho passado tempo algum com ele.

Seria possível reconhecer a dor sem desencadeá-la?

Seria possível admitir um fim necessário sem calúnias desnecessárias?

Seria possível ser um pouco mais madura ou honrar a Deus ou ficar em paz e seguir em frente?

Não fui muito boa nisso no passado.

Mas gostaria de melhorar.

Sempre foi uma profunda convicção minha seguir o que a Bíblia diz. Nunca quero começar com as minhas opiniões e depois encontrar versículos que validem os meus pensamentos. Quero começar com a verdade de Deus e deixar que ela molde os meus pensamentos com os dele. Não queremos violar a Palavra de Deus nos nossos esforços para mantê-la. Claramente há momentos na Bíblia em que somos chamados a ficar, lutar e continuar relacionamentos. No entanto, também vemos claramente nas Escrituras que há situações e circunstâncias em que a ação mais honrosa a Deus é nos separarmos, dizendo adeus a um relacionamento.

À medida que entendi melhor essas despedidas necessárias, comecei a perceber que, às vezes, para que o bem aconteça, as despedidas precisam acontecer primeiro.

Seria possível reconhecer a dor sem desencadeá-la?

Então, comecei a investigar na Bíblia em busca de respostas. Pessoas boas, que amavam a Deus e queriam fazer a coisa certa, chegaram alguma vez a um ponto tão difícil em um relacionamento que disseram adeus?

A resposta é surpreendentemente sim.

Em Gênesis 13, Abraão e seu sobrinho Ló decidiram se separar e viver em locais diferentes devido às constantes disputas entre eles e entre aqueles que gerenciavam seus rebanhos. Curiosamente, a separação durou até que Abraão resgatou Ló e sua família da iminente destruição de Sodoma. Embora tenham vivido separados por anos, Abraão e Ló acabaram se reunindo quando Abraão soube que Ló havia sido capturado e precisava ser resgatado. Abraão enviou seus homens em uma missão de resgate e "trouxe de volta o seu parente Ló com tudo o que possuía" (Gênesis 14.16).

Então, lição aprendida: algumas despedidas são por um período. Mas mesmo nesses períodos de separação, não significa que você não se importe e não cuide do melhor interesse do outro.

No Novo Testamento, vemos que Paulo e Barnabé tiveram um "desentendimento" (Atos 15.36-41) sobre levar um primo de Barnabé chamado João Marcos com eles para ser ajudante na próxima viagem missionária. Ao procurar mais informações sobre essa situação entre Paulo e Barnabé, encontrei um artigo interessante:

> Eles não conseguiram chegar a um acordo e, portanto, se separaram. Pelo que o registro sagrado indica, esses dois homens notáveis nunca se viram novamente... Essa dissensão entre Paulo e Barnabé não foi sobre uma questão *doutrinária*. A ruptura envolveu uma disputa pessoal baseada em uma decisão de julgamento. A seu favor, nem Paulo nem Barnabé deixaram que o conflito os distraísse de seus respectivos esforços de espalhar o evangelho. Aplicando a situação para os cristãos de hoje, sempre haverá momentos em que bons irmãos discordarão em questões de opinião. O importante é manter o foco em fazer a vontade de Cristo. Foi isso que Paulo e Barnabé fizeram. Como resultado, talvez até *mais trabalho* tenha sido realizado para o Senhor devido à maneira como sua discordância foi tratada... A segmentação de seu trabalho não interrompeu permanentemente o amor e o respeito que Paulo e Barnabé tinham um pelo outro. Paulo, mais tarde, mencionaria

carinhosamente Barnabé como digno de apoio monetário em seu trabalho de proclamação do Evangelho (1Coríntios 9.6).[2]

Então, lição aprendida: algumas despedidas não são por um período, são para sempre. Mas, quando duas boas pessoas se separam e não causam danos uma à outra, isso pode de fato permitir que se alcance um desempenho melhor em seus respectivos chamados.

Mas, e quanto as despedidas que se devem a um pecado flagrante, comportamentos tóxicos, orgulho disfuncional ou ações destrutivas? Gary Thomas, em seu livro **When to Walk Away** [Quando se afastar], diz:

> Muitos me dirão naquele dia: "Senhor, Senhor, não profetizamos em teu nome? Em teu nome não expulsamos demônios e não realizamos muitos milagres?". Então, eu lhes direi claramente: "Nunca os conheci. Afastem-se de mim, vocês que praticam a iniquidade!". (Mateus 7.22-23)
> Jesus realmente afasta essas pessoas. Ele falou a verdade e respeitou as escolhas das pessoas... controlar os outros é um sinal primário de toxicidade, não um método de ministério. Jesus nunca desvalorizou a beleza das suas palavras parecendo desesperado. Na verdade, ele adotou praticamente a abordagem oposta: essa é a verdade; aceite-a ou deixe-a. Essa confiança construiu a igreja primitiva.[3]

Lembre-se que algumas pessoas parecem dizer as coisas certas, mas suas ações traem suas palavras. Jesus citou Isaías 29.13 em referência a essas pessoas: "Este povo se aproxima de mim com a boca e me honra com os lábios, mas o seu coração está longe de mim. A adoração que me prestam é feita apenas de mandamentos ensinados por homens".

---

2. Jackson, Wayne. "The Separation of Paul and Barnabas", **Christian Courier**. Disponível em: https://www.christiancourier.com/articles/813-the-separation-of-paul-and-barnabas. Acesso em: 26 fev. 2025.

3. Thomas, Gary L. **When to Walk Away: Finding Freedom from Toxic People**. Grand Rapids, MI: Zondervan, 2019. p. 20-21.

Esse foi o contexto de Jesus explicando o que contamina uma pessoa em Mateus 15. Jesus explicou que pessoas como os fariseus são "guias cegos" e instruiu os que o ouviam a deixá-los!

> Jesus chamou para junto de si a multidão e disse:
> — Ouçam e entendam: não é o que entra pela boca que torna o homem impuro, mas o que sai da sua boca; isto, sim, o torna impuro.
> Então, os discípulos se aproximaram dele e perguntaram:
> — O Senhor sabe que os fariseus encontraram motivo de tropeço quando ouviram isso?
> Ele respondeu:
> — Toda planta que o meu Pai celestial não plantou será arrancada pelas raízes. Deixem-nos; eles são guias cegos. Se um cego guiar outro cego, cairão ambos em um buraco. (versículos 10-14)

Então, lição aprendida: lembre-se de como Jesus define o guia cego. Mateus 15.19-20: "Pois do coração saem os maus pensamentos, os homicídios, os adultérios, as imoralidades sexuais, os roubos, os falsos testemunhos e as calúnias. Essas coisas tornam o homem impuro, mas comer sem lavar as mãos não o torna impuro".

Não só é aceitável terminar um relacionamento em que essas coisas estão presentes, como Jesus nos adverte que, se não o fizermos, corremos o risco de cair em uma cova com eles. Não quero habitar em uma cova. Quero andar na luz. Quero me alegrar na verdade. E quero que o meu coração, mente e palavras reflitam a minha devoção a Deus. Não me curvarei diante dos maus-tratos de ninguém, mas também não me levantarei com tanta angústia e raiva que viole a verdade de Deus na maneira como me afasto.

Gostaria de ter um pouco mais de "Deus esteja com você" nas minhas despedidas.

Dessa forma, pratico com as despedidas que estão ao meu alcance. Às vezes, parece estranho e terrível. Às vezes, sinto tanta dor que não consigo encontrar energia para fazer outra coisa a não ser cerrar os dentes e desabafar tudo aos gritos com o meu conselheiro.

Algumas das lembranças provavelmente serão dolorosas e nada boas para sempre. Mas a ideia de que "Deus esteja com você" realmente me faz sentir algo bom no meu coração. E isso está se infiltrando nos meus pensamentos, no meu modo de entender as coisas e até mesmo nas minhas conversas.

E então, uma noite dessas, literalmente fechei os olhos e visualizei as mãos de Jesus. Comecei a colocar mentalmente todas as minhas memórias, uma a uma, em suas mãos fortes, calejadas de carpinteiro, perfuradas por pregos e cheias de graça. Pedi ao Senhor que me ajudasse a sussurrar "Deus esteja com você" em relação a cada lembrança. Pedi a Jesus que ajudasse a me libertar de algumas lembranças, manter outras e fazer as pazes com tudo o que eu pudesse. Nem tudo foi resolvido. Mas foi um começo, e acredito que Jesus está trabalhando em mim e curando o meu coração. Afinal, Isaías 61.1 diz que o Messias viria para curar os quebrantados de coração. Tenho certeza de que continuarei a desvendar muito disso na terapia nos próximos anos.

Agora me vejo não apenas sobrevivendo às lembranças, mas realmente pensando que posso voltar a fazer rabanadas novamente sem chorar. E isso é bom. Adeus. Adeus. Deus esteja com você. Adeus.

Uma nota do Jim sobre codependência

Na década de 1970, a palavra *codependência* surgiu do campo do abuso de substâncias para descrever uma pessoa que lutava contra drogas e álcool. O "codependente" era um ente querido ou um amigo do dependente que tentava ajudá-lo, mas no final acabava cedendo. "Co" significa "com", e dependência significa "eu dependo deles".

Em um relacionamento codependente, em geral há mais foco na pessoa doente (que, neste cenário, chamaremos de "o dependente") do que em si mesmo (que chamaremos de "o codependente"). Uma enorme quantidade de tempo é gasta tentando agradar ou gerenciar o dependente e garantir que ele esteja bem. A maioria das pessoas que está em um relacionamento com um dependente tem poucos ou nenhum limite. Toda a sua energia vai para o dependente e o que ele quer. O dependente implica coisas como "Quero que você me deixe fazer o que eu quiser. Não exija nada de mim, não coloque limites". A lealdade ao dependente é mais importante do que a saúde do codependente.

O fundamento dessa disfunção não está apenas em traumas não resolvidos ou não curados, mas na dor que domina o relacionamento. O dependente está causando trauma no codependente ao exigir que ele concorde, encubra, acredite nas mentiras e desculpe seus padrões tóxicos, comportamentos, vícios e erros, causando danos a ambas as partes.

Por fim, isso se torna um círculo vicioso em que ambas as partes adoecem por muitas razões, mas principalmente porque nenhuma está comprometida com a realidade. A saúde mental é estarmos comprometidas com a realidade a todo custo.

Para verificar se você tem tendências codependentes, pergunte: "Há um relacionamento na minha vida em que sinto que não posso ficar bem se não me esforçar primeiro para garantir que outra pessoa esteja bem?".

É hora de aplicar o que aprendemos...

RECORDE:

- As memórias são tanto os nossos maiores tesouros quanto as nossas maiores tristezas.
- Talvez a maneira como dizemos adeus possa nos ajudar a sobreviver às lembranças.

- Mesmo quando as pessoas se voltaram contra Jesus, ele não deixou que um adeus o transformasse em alguém que nunca deveria ser.
- Seria possível reconhecer a dor sem desencadeá-la? Seria possível admitir um fim necessário sem calúnias desnecessárias?
- Gostaria de ter um pouco mais de "Deus esteja com você" nas minhas despedidas.

RECEBA:

O Senhor diz:
"Este povo se aproxima de mim com a boca
e me honra com os lábios,
mas o seu coração está longe de mim.
A adoração que me prestam
é feita apenas de mandamentos ensinados por homens". (Isaías 29.13)

O Espírito do Soberano Senhor está sobre mim,
porque o Senhor me ungiu
para levar boas-novas aos pobres.
Ele me enviou para cuidar dos que estão com o coração quebrantado,
para proclamar liberdade aos cativos
e libertação aos prisioneiros. (Isaías 61.1)

REFLITA:

- Como tem sido a sua experiência com despedidas necessárias? O que foi bom e o que foi difícil nessas experiências?
- Como saber que dizer adeus pode ser bíblico ajuda você?
- Tente o exercício que mencionei no final do capítulo: na sua mente, comece a colocar todas as lembranças difíceis ou dolorosas, uma a uma, nas mãos fortes, calejadas de carpinteiro, perfuradas por pregos e cheias da graça de Jesus. Peça

ao Senhor que a ajude a sussurrar "Deus esteja com você" em relação a cada uma delas. De quais lembranças você precisa se libertar? Quais lembranças você precisa manter?

ORAÇÃO:

Deus, o Senhor entende de forma muito pessoal e profunda a dor de ver alguém que amamos se afastar. Enquanto reflito sobre o que ficou para trás e vislumbro o que virá pela frente, sei que o Senhor é um refúgio e um lugar seguro para ajudar a entender os meus sentimentos. Obrigada por estar tão perto de mim durante este período. Olho para o Senhor e acredito que hoje posso dar alguns passos à frente e sussurrar: "Deus esteja com você" àqueles que deixaram feridas no meu coração. Isso não significa que estou bem com o que fizeram, e sei que o Senhor, ao final, os responsabilizará por seus pecados. Mas desejo ficar bem novamente, e mais do que bem; quero viver plenamente de novo. O Senhor pode trazer o bem em todas as coisas e hoje confio que certamente o fará. Em nome de Jesus, amém.

Capítulo 11

Não estou indo embora, estou aceitando a realidade

Vivi no mesmo endereço por trinta anos. Cruzei essa mesma porta de entrada inúmeras vezes com as idas e vindas de todos os acontecimentos maiores e menores da minha vida adulta. Aquela pequena linha entre o mundo exterior e o lugar seguro da minha família, projetado com um pouco de madeira, tijolos e a nossa própria porta da frente. Esse lugar único no mundo foi testemunha dos presentes de casamento embrulhados em papel, dos recém-nascidos envoltos em cobertores, de incontáveis sacolas de supermercado, de balões para festas, de *band-aids* para machucados, de vestidos de Páscoa, vestidos de baile e vestidos de noiva. Também entrei e saí por essa porta levando desilusão, incontáveis lenços cheios de lágrimas e orações sussurradas repletas de desespero.

Entrei naquela casa com pura empolgação por finalmente conseguir adotar as nossas crianças, por conseguir o meu primeiro contrato de livro de verdade e por ver os meus filhos voltando para casa em segurança após dirigirem sozinhos pela primeira vez quando tiraram a habilitação. Também saí correndo em pânico, levando as crianças para receber pontos, tentando achar um dos nossos cachorros que fugiu, e encontrando evidências que me forçaram a enfrentar os meus maiores medos com alguém em quem pensei que poderia confiar para sempre.

Sentei-me nesses degraus da frente e ri, sonhei, chorei, orei, conversei, gritei, procurei entender situações e respirei fundo milhares de vezes antes de voltar a entrar ali com a minha família.

Tanta vida.

Tantos momentos.

Se a minha matemática estiver correta, são 60 segundos vezes 60 minutos vezes 24 horas vezes 365 dias vezes 30 anos, o que totaliza 946.080.000 momentos, mais ou menos alguns dias de anos bissextos.

Vivi a minha vida adulta inteira retornando à mesma base que me viu completar 24, 32, 45 e 53 anos.

Você já ouviu a expressão de que uma casa tem "alicerces firmes"? Bem, os alicerces são firme neste lugar que é meu, e mais do que somente no sentido estrutural. Foi o recipiente sagrado das primeiras palavras, dos primeiros passos e da infância toda dos meus filhos, que eu mais amo neste mundo. Este lar me acolheu. Foi o espaço que ousou testemunhar a construção e a ruptura do meu ser. E, quando suas paredes, cores e alguns cômodos cheios de lembranças manchadas se mostraram provocadores demais para que sua forma original fosse mantida, ele sobreviveu à destruição até mesmo da fundação original e provou que mesmo os elementos mais básicos da estrutura ainda estavam de pé. A demolição e a reconstrução desta casa me ajudaram a ver do lado de fora o que estava acontecendo dentro de mim. Então, mesmo durante todo o processo, esta casa tem sido muito boa para mim.

A casa teve seus problemas às vezes, mas eu me mantive nesse refúgio seguro que me acolheu todos esses anos. Eu permaneci aqui.

Tenho pensado muito nisso ultimamente enquanto passo pela despedida mais difícil até hoje. Quando o nó na minha garganta, que esteve presente por anos de angústias inesperadas, se transformou em um peso esmagador no meu peito, não pude mais negar a mudança. Eu não estava apenas em um relacionamento difícil. Estava em um relacionamento emocionalmente destrutivo. Fui avisada por três conselheiros diferentes que, se eu não aceitasse o fim que estava diante de mim, isso significaria, na maioria das vezes, a minha morte.

Achei um pouco dramático.

Balancei a cabeça negativamente, incrédula.

Não é verdade, pensei. *Não é verdade de jeito nenhum. Sou forte, sou paciente. Sou leal até demais. O meu amor é forte o suficiente para suportar tudo. Não vou desistir. Não vou dizer adeus.*

Então, fiquei. Parecia o certo a ser feito por um período. Mas então, os velhos hábitos destrutivos dele voltaram, a desonestidade contaminou as conversas, e o maior sinal de toxicidade foi que comecei a achar novamente que a louca era eu. Quando nada faz sentido, é fácil perder todo o senso de realidade. Eu não queria o fim para o qual todas essas opções pareciam apontar, então fiz tudo o que pude para impedir que acontecesse. Mas é como ficar na frente de um tornado com as mãos estendidas e acreditar que vai conseguir redirecionar a fúria da natureza. No final, o tornado vai sugar você, cuspir você, e não vai se importar com o trauma que causará durante o processo.

O que eu não percebia é que o trauma não é apenas algo que acontece com você. É algo que acontece dentro de você. E o erro que cometi foi acreditar que eu só precisava me curar, perdoar e, de alguma forma, seguir em frente, superando os acontecimentos. Mas a devastação emocional não é apenas um conjunto de fatos. O maior golpe no seu bem-estar é o *impacto* que tudo isso tem sobre você: como você se sente, como você funciona e como você pensa.

Ao analisar um relacionamento que passou de difícil para destrutivo, não podemos apenas considerar os fatos, devemos considerar o impacto também.

Como ensinei no meu livro **Forgiving What You Can't Forget** [Perdoando o que você não pode esquecer], podemos fazer a escolha de perdoar aquela pessoa que nos machucou pelos fatos ocorridos. Mas então também devemos passar pelo processo muito mais longo de perdoar e curar o impacto que as ações da outra pessoa tiveram

O trauma não é apenas algo que acontece com você. É algo que acontece dentro de você.

sobre nós. O perdão é um comando de Deus, mas a reconciliação deve estar condicionada a muitos fatores, sobretudo se todas as partes envolvidas puderem permanecer seguras e saudáveis ao ficarem juntas.[1]

Ao se curar de uma devastação emocional passada, é normal que o impacto do que aconteceu se apresente na forma de gatilhos. Mas o que realmente me atrapalhou foi pensar que os alarmes que soavam no meu coração e na minha mente eram gatilhos do passado, quando, na realidade, eram uma indicação de um trauma recente acontecendo. Novas mentiras. Nova dor. Novo trauma. Novas negações. Nova confusão. Nova destruição.

Mesmo assim, eu não queria me afastar.

Mas então, um dia, enquanto eu estava sentada na entrada da minha casa, que foi desmontada até a fundação, com poeira, escombros e caos ao meu redor, percebi de repente que não me importava passar por reformas difíceis porque sempre tive uma visão de algo melhor que certamente viria de toda a dificuldade. Assim como eu conseguia suportar o caos de uma reforma e ainda amar a velha casa, podia fazer isso com as pessoas também. Uma reforma é um contratempo temporário que, na verdade, constitui uma preparação para algo ainda mais belo. Há um plano e, quando você se mantém fiel ao plano, sabe que o que está sendo destruído tem o propósito de ser reconstruído melhor e mais forte do que antes.

Não era o caso do meu casamento. Havia um plano, mas apenas eu permanecia fiel a ele. Apenas eu me mantinha firme. Havíamos concordado mutuamente sobre certos limites necessários, mas ele não os respeitava mais. Tudo o que havíamos trabalhado tanto para reconstruir, agora desmoronava. Há uma grande diferença entre um coração empenhado na construção e um que está aparentemente determinado à destruição.

Não era eu que estava destruindo a saúde relacional.

Não era eu que estava quebrando promessas e partindo corações.

---

1. Terkeurst, Lysa, **Forgiving What You Can't Forget: Discover How to Move On, Make Peace with Painful Memories, and Create a Life That's Beautiful Again**. Nashville: Thomas Nelson, 2020.

Não era eu que estava abandonando o lugar que lutamos tanto para conseguir.

E foi então que finalmente consegui dizer: "Não estou desistindo. Não estou indo embora. Estou escolhendo finalmente aceitar a realidade".

ACEITANDO A REALIDADE

Jim provavelmente me lembrou mais de cem vezes de que: "A saúde mental é um compromisso com a realidade a qualquer custo". Não sei qual realidade você precisa aceitar agora. Talvez seja mais fácil do que foi para mim. Ou talvez a sua realidade não seja tão pesada e difícil quanto a que acabei de descrever. Grande parte do estabelecimento de limites, mesmo nas melhores circunstâncias, é aceitar a realidade de que, quando você sabe que uma mudança precisa acontecer, é preciso se mover em direção a ela.

Você não precisa fazer todas as mudanças de uma vez. E não precisa começar pela maior de todas. Mas, seja o que for que a realidade diga a você, e seja lá como o Senhor a está guiando, mova-se em direção a isso. E é exatamente o que temos feito ao longo de todo este livro.

E se a realidade está dizendo que você fez tudo o que podia, o que vem a seguir? Você fez grandes mudanças, orou, buscou conselhos sábios, teve as conversas, estabeleceu os limites, implementou as consequências, definiu ainda mais claramente os limites e, mesmo assim, não está funcionando.

> A sua vizinha ainda aparece na sua casa "pegando emprestado" coisas da sua garagem sem pedir.
> Um familiar seu ainda comparece bêbado aos encontros.
> A sua amiga ainda faz exigências pouco realistas e menospreza você por não fazer o que ela quer.
> A sua colega de trabalho ainda rouba o caixa e espera que você a encubra.

O cara com quem você está saindo, que diz ser um crente comprometido, ainda profere comentários inadequados e tenta fazer você se sentir culpada por não dormir com ele.

O seu cônjuge ainda mente, esconde um celular e um e-mail secreto e se recusa a dar explicações sobre as cobranças misteriosas no cartão de crédito.

A sua amiga que ajuda a organizar o grupo de brincadeiras do bairro ainda permite que os filhos dela intimidem e menosprezem o seu filho e age como se não fosse nada demais.

Lembre-se de que todo o trabalho que você fez para estabelecer limites não foi para controlar o comportamento da outra pessoa. Foi para prestar atenção e ser honesta sobre como o comportamento inadequado e a falta de responsabilidade de alguém podem controlar você. E, quando pessoas próximas a nós agem de forma descontrolada, corremos um risco enorme de perder o autocontrole.

Quando um relacionamento passa de difícil para destrutivo, chegou o momento certo para considerar uma despedida. Observe como a conselheira cristã Leslie Vernick define a diferença entre relacionamentos difíceis e destrutivos:

> A minha definição de um relacionamento emocionalmente destrutivo é esta: padrões de ação e atitudes persistentes e repetitivas que resultam na destruição de alguém ou na inibição do crescimento de uma pessoa, muitas vezes acompanhados por falta de consciência, falta de remorso e falta de mudança.[2]

Em outro artigo tratando especificamente de casamento, Leslie afirma:

> Deus nos diz que existem neste mundo valentões, abusadores e opressores. Mas também nos diz claramente que eles nunca

2. Vernick, Leslie. "Topic: Is This an Emotionally Destructive Relationship?". **Leslie Vernick: Relationship Truth Unfiltered**, Jun 13, 2011. Disponível em: https://leslievernick.com/topic-is-this-anemotionallydestructive-relationship/. Acesso em: 26 fev. 2025.

> devem ser protegidos, sancionados ou apoiados pelo povo de Deus, especialmente dentro de um relacionamento íntimo (Efésios 5.25 e Colossenses 3.19). O relacionamento matrimonial é o mais íntimo que Deus ordenou. No projeto de Deus para o casamento, estar casado nunca deve levar a menos segurança, menos sanidade ou menos fortalecimento para os indivíduos nesse relacionamento, mas sim continuar a nutrir e alimentar essas qualidades. Segurança e confiança são a base mais importante para manter um casamento saudável.[3]

Embora Leslie tenha se referido especificamente ao casamento, acredito que sua sabedoria deve ser considerada para todos os relacionamentos. Quando damos às pessoas acesso relacional à nossa vida, isso nunca deve levar a "menos segurança, menos sanidade ou menos fortalecimento para os indivíduos nesse relacionamento".

Lembre-se de que os limites não funcionam quando continuamos a dar acesso demais a pessoas que não estão sendo responsáveis com isso. E, quando o nível de responsabilidade delas é zero, o nível de acesso à sua vida também deve ser zero.

Quando esse é o caso, Deus não fica desapontado se você se afastar da pessoa.

Na verdade, Deus modelou isso. E devemos seguir seu exemplo.

Deus, de fato, estabeleceu isso desde o início dos tempos.

Lembre-se, como discutimos no capítulo 4, de quando Deus comunicou o primeiro limite a Adão no jardim do Éden; ele começou a conversa sobre limites com "Você é livre...". Eles eram livres para comer de qualquer uma das árvores frutíferas do jardim, exceto do fruto da árvore do conhecimento do bem e do mal. Deus foi claro: se você viver no meu jardim santo, terá muita liberdade, mas não trará o pecado para este lugar. Quando Adão e Eva pecaram, demonstraram que não tinham responsabilidade suficiente para ter

---

3. Vernick, Leslie. "How Do I Heal and What Do I Do About My Marriage". **Leslie Vernick: Relationship Truth Unfiltered**, Jul 21, 2021. Disponível em: https://leslievernick.com/how-do-i-heal-andwhatdoido-about-my-marriage/. Acesso em: 26 fev. 2025.

acesso contínuo ao jardim do Éden, que também era o local em que tinham acesso direto a Deus.

Deus não apenas os fez saírem do jardim, mas também se certificou de colocar guardas para que não pudessem voltar nunca mais. Isso foi em parte porque Adão e Eva pecaram. O jardim era o equivalente ao que acabaria se tornando o lugar sagrado no templo. Deus é santo. E, onde quer que Deus habite, esse lugar é santo. Portanto, sem o sangue de Jesus para cobrir seu pecado, Adão e Eva estavam completamente expostos e vulneráveis, como nunca estiveram. Lembre-se de que gerações mais tarde, quando o templo foi estabelecido, se um sumo sacerdote entrasse no lugar sagrado sem estar completamente purificado de seu pecado, cairia morto. Adão e Eva eram os sumos sacerdotes do jardim do Éden. Seus olhos foram abertos para o mal. Eles sentiram o sabor disso em sua língua. E desencadearam as consequências dessa escolha. Tragicamente, o pecado deles os separou de Deus e acabou com a perfeição que antes desfrutavam a seu lado. Não apenas o corpo deles agora estava envelhecendo em direção à morte e se deteriorava fisicamente, mas eles também abriram a alma para a corrupção. A atração do inimigo seria seduzir o coração das pessoas para o pecado e a morte eterna. A atração de Deus seria convidar as pessoas à santidade e à vida eterna. A escuridão do pecado não poderia coexistir com a pura luz da santidade de Deus.

Entretanto, havia outra razão pela qual Adão e Eva foram obrigados a deixar o jardim, como discutimos anteriormente no livro. Se eles tivessem continuado a ter acesso ao jardim, poderiam ter comido da árvore da vida. Comer o fruto daquela árvore concedia ao receptor a vida eterna (Gênesis 3.22). Pense nisso. Adão e Eva estariam para sempre presos a um estado de depravação de seu pecado e da separação de Deus.

Deus queria redenção para Adão e Eva... portanto, não os autorizou. Não desculpou o problema que criaram. Não abriu uma exceção e esperou pelo melhor. Não permitiu que continuassem pecando em seu jardim sagrado. Não, ele deixou que enfrentassem as consequências de suas próprias escolhas. Reagiu à escolha que fizeram e os expulsou do jardim. Era necessário encerrar o acesso deles ao jardim.

Eles demonstraram zero responsabilidade no jardim, portanto seu acesso foi retirado.

Deus não abandonou Adão e Eva, mas seu relacionamento mudou drasticamente. Deus não fornecia mais um ambiente perfeito cujo cultivo era imediatamente frutífero. Agora, Adão precisaria trabalhar duro para fazer a terra produzir alimento e, às vezes, seus esforços de cultivo seriam em vão. Adão e Eva não tinham mais o mesmo tipo de provisão, poder e autoridade que haviam recebido no jardim. E eles e seus descendentes lutariam para sempre entre ceder à atração da carne e se render às melhores escolhas que levam à paz de Deus (1Coríntios 10.13).

Todas nós ainda sofremos as consequências de Adão e Eva. Mas a boa notícia é que temos a escolha de recuperar a paz que foi perdida por causa de Adão e Eva. Romanos 8.5-6 diz: “Quem vive segundo a carne aspira ao que a carne deseja, mas quem vive de acordo com o Espírito aspira ao que o Espírito deseja. A aspiração da carne conduz à morte, mas a do Espírito conduz à vida e à paz”.

Podemos também olhar para Colossenses 3.1-5, que nos exorta a manter o nosso coração e a nossa mente nas coisas do alto, uma vez que estamos em Cristo, o que requer “morrer tudo o que pertence à natureza terrena de vocês: imoralidade sexual, impureza, paixão, desejos maus e a cobiça, que é idolatria”.

“Morrer” significa que tomamos ações diárias para nos livrarmos continuamente de atitudes, desejos, escolhas e hábitos pecaminosos. Os limites são cruciais para vivermos esses versículos. Se estamos trabalhando para manter o nosso coração e a nossa mente livres das armadilhas do pecado, então, quando as pessoas ao nosso redor participam de atividades pecaminosas, o pecado não deve mais ser possibilitado por nós.

Isso não significa que não podemos amar alguém que vive em pecado. Mas significa que não participaremos das escolhas dessa pessoa. E não permitiremos que as escolhas dela nos prejudiquem e comecem a levar o nosso coração para lugares de comprometimento, devastação ou engano.

Mais uma vez digo que todas precisamos de graça quando erramos. Mas também precisamos da consciência de que há uma diferença entre um deslize ocasional e um padrão contínuo de comportamento. Vamos ser completamente honestas conosco e com aqueles que podem nos ajudar a discernir a melhor forma de responder e seguir em direção à cura. Se a cura for possível juntos, então sigamos por esse caminho em direção à paz. Mas, se a cura não for possível enquanto você permanecer nesse relacionamento, então siga um caminho separado em direção à paz.

Por favor, ouça-me: sei que isso é complicado e parte o coração e não deve ser tratado levianamente. Não estou defendendo que joguemos fora amigos e familiares quando as coisas ficam difíceis. Sempre me senti apaixonada por deixar espaço para Deus agir no coração da outra pessoa e no meu. Não queremos viver no extremo de apressar o que não deve ser apressado. E certamente não estou defendendo um caminho rápido e fácil para ignorar amigos, deixar de ver os seus pais ou divorciar-se rapidamente do seu cônjuge. Procurar entender um possível adeus não é permissão para sair de cena ou jogar a toalha. É um caminho de dor e aceitação de uma das realidades mais difíceis que enfrentaremos: um relacionamento insustentável.

As palavras *relacionamento insustentável* parecem uma facada no meu coração. Quero que os relacionamentos sejam bons e durem para sempre. O luto pelo fim de um relacionamento é um dos mais profundos que já conheci. Às vezes, essa perda pode parecer pior que a morte. Outras vezes, um término traz um alívio da turbulência e toxicidade, pois deixa de haver uma luta diária. Mas, mesmo assim, o meu coração se parte pela história de reconciliação e redenção que eu esperava ser possível.

Há um versículo que costumava me deixar confusa, porque o meu coração é tão esperançoso de que é possível alcançar um lugar de paz com todas as pessoas. Romanos 12.18: "Se possível, naquilo que depender de vocês, vivam em paz com todos os homens". No meu casamento, pensei erroneamente que poderia fazer o suficiente, orar o suficiente, ceder o suficiente, resgatar o suficiente ou mudar a mim mesma o suficiente por ele, e finalmente um equilíbrio de paz poderia ser alcançado. Mas não é isso que esse versículo significa. Acho que perdi as primeiras palavras que Paulo usou intencionalmente, "se possível", que implicam que às vezes *não* é possível.

> **Procurar entender um possível adeus não é permissão para sair de cena jogar a toalha. É um caminho de dor e aceitação de uma das realidades mais difíceis que enfrentaremos: um relacionamento insustentável.**

Charles Spurgeon, um dos pregadores mais famosos do século XIX, uma vez ensinou sobre este versículo de uma maneira que agora me ajuda a ter um entendimento melhor com relação a pessoas insensíveis:

> No Jardim das Plantas, vimos uma cobra-capelo que não era muito amigável. Havia um vidro grosso e um arame resistente entre nós, e não fizemos nada além de olhá-la, mas ela continuou a se lançar contra nós com a maior veemência de malícia, até que o tratador nos pediu para nos afastar, aconselhando que não era bom irritar tais criaturas. Quando encontramos uma pessoa irascível, à procura de uma briga, mal-humorada e em desacordo com o mundo, é melhor seguir em frente e deixá-la em paz. Mesmo que ela não possa fazer mal a você e sua irritação seja totalmente irracional, é melhor eliminar todas as causas de provocação, pois nunca é sábio irritar víboras. Não se deve pisar forte pelo chão de propósito para ensinar a um homem com gota que não respeita os sentimentos dele, e que ele não deveria ser tão sensível; da mesma forma, não se deve irritar aqueles que sofrem com um mau temperamento e depois alegar que eles

não têm direito de estar tão alterados. Se os temperamentos de nossos vizinhos são pólvora, não devemos brincar com fogo.[4]

Note que a víbora na história de Spurgeon estava atrás de um vidro. Havia um limite. E note que as pessoas não estavam provocando a víbora, apenas estavam olhando para ela. Isso significa que a irritação e o desejo de atacar estavam dentro da cobra. A falta de paz exterior da cobra se devia à própria falta de paz interior. Se houvesse algo que as pessoas estivessem fazendo para interromper a paz da cobra, então teria sido possível interromper suas ações para que a paz fosse retomada. Mas o tratador da cobra sabia que não haveria paz para os espectadores até que eles se afastassem da cobra. A presença deles, e não seus problemas, estava deixando a cobra tão irritada que ela se lançaria contra as pessoas. E, sem aquele limite de vidro entre eles, independentemente de a cobra ter a intenção de prejudicar as pessoas ou não, o impacto da mordida de uma víbora ainda é venenoso.

Spurgeon prossegue comparando a cobra às pessoas cuja irritação é totalmente irracional. Elas não têm paz interior, portanto provavelmente não será possível viverem com uma consistência de paz exterior. Pessoas que causam dano emocional, físico, social, sexual, financeiro, espiritual, intelectual ou relacional, tenham ou não a intenção de fazê-lo, geram um impacto tóxico sobre as pessoas que convivem com elas. Note que eu não disse pessoas que cometem erros e depois se arrependem e buscam ajuda para não os cometer novamente. Mas, quando aqueles que causam danos não ficam horrorizados o suficiente para buscar ajuda e não repetir os erros, é muito provável que o façam novamente. E lembre-se: quanto maior o acesso dado a essas pessoas, maior será o impacto de suas ações tóxicas e mais tempo levará para nos recuperarmos de tudo isso.

Se quisermos recuperação e cura, seria sábio fazer uma pausa ou possivelmente romper com quem nos fere.

Ao dizer adeus...

---

4. SPURGEON, C. H. **Feathers for Arrows**. London: Passmore & Alabaster, 1870. p. 124-25.

Podemos fazê-lo sem ódio (raiva), como Deus nos instrui.

> "Quando ficarem irados, não pequem." Não permitam que o sol se ponha enquanto durar a ira de vocês. (Efésios 4.26)

Podemos fazê-lo por um período ou por toda a vida, como Deus nos instrui.

> [Um] tempo de procurar algo e tempo de desistir de sua busca; tempo de guardar e tempo de jogar fora. (Eclesiastes 3.6)

Podemos ter compaixão pela dor dos outros, como Deus nos instrui.

> A luz raia nas trevas para o íntegro, para quem é misericordioso, compassivo e justo. (Salmos 112.4)

Podemos e devemos trabalhar para perdoá-los, como Deus nos instrui.

> Sejam bondosos e compassivos uns para com os outros, perdoando-se mutuamente, como Deus os perdoou em Cristo. (Efésios 4.32)

Podemos nos livrar da amargura em relação à outra pessoa, como Deus nos instrui.

> Tomem cuidado para que ninguém se afaste da graça de Deus e para que nenhuma raiz de amargura, ao brotar, cause perturbação e contamine muitos. (Hebreus 12.15)

> Livrem-se de toda amargura, indignação, ira, gritaria e calúnia, bem como de toda maldade. (Efésios 4.31)

Se quisermos
recuperação e cura,
seria sábio fazer
uma pausa ou
possivelmente romper
com quem nos fere.

Podemos continuar orando pela outra pessoa, como Deus nos instrui.

> Mas eu digo: amem os seus inimigos e orem por aqueles que perseguem vocês. (Mateus 5.44)

E podemos nos afastar da outra pessoa, como Deus nos instrui.

> [...] os homens serão amantes de si mesmos, apegados ao dinheiro, arrogantes, orgulhosos, blasfemos, desobedientes aos pais, ingratos, ímpios, insensíveis, irreconciliáveis, caluniadores, sem domínio próprio, cruéis, inimigos do bem, traidores, impetuosos, soberbos, mais amantes dos prazeres do que amantes de Deus; embora tenham aparência de piedade, negam o seu poder. Afaste-se destes também. (2Timóteo 3.2-5)

Nada disso é fácil de entender. E a decisão de dizer adeus não deve ser tomada apressadamente, sem um conselho sábio e muita oração. Mas lembre-se: embora Deus tenha amado tanto as pessoas a ponto de dar a vida de seu único Filho para tentar nos salvar, ele também está disposto a aceitar a nossa recusa em sermos salvos. Deus tem um limite que não permitirá ser ultrapassado. Se alguém recusar a salvação, não será recompensado com acesso eterno a ele.

Vamos dar mais uma olhada em Hebreus 12.14-15: "Busquem a paz com todos e a santificação, sem a qual ninguém verá o Senhor. Tomem cuidado para que ninguém se afaste da graça de Deus e para que nenhuma raiz de amargura, ao brotar, cause perturbação e contamine muitos".

Se a paz não é possível nas circunstâncias atuais de um relacionamento, devemos nos esforçar para encontrar paz com essa pessoa, mudando as circunstâncias ou mudando o relacionamento. Devemos lembrar que, quanto mais tempo um relacionamento destrutivo permanecer em crise e não saudável, maior será o risco de a amargura se infiltrar. E a amargura não causa apenas problemas para a pessoa que a sente, mas tem um impacto negativo e contamina todos ao seu redor.

Observe mais versículos da Bíblia que contêm a sabedoria de Deus que devemos considerar nos nossos pensamentos e orações ao refletirmos sobre um adeus.

> Longe de mim o coração perverso!
> Não quero envolver-me com o mal.
> Ao que fala mal do próximo às ocultas,
> farei calar;
> ao homem de olhos arrogantes e de coração orgulhoso, não tolerarei. (Salmos 101.4-5)

> Quem pratica a fraude
> não habitará na minha casa;
> quem fala com falsidade
> não permanecerá na minha presença. (Salmos 101.7)

Quanto ao que provoca divisões, após adverti-lo pela segunda vez, rejeite-o11Você sabe que tal pessoa se perverteu e está em pecado; por si mesma está condenada. (Tito 3.10-11)

> Absolver o ímpio e condenar o justo
> são duas coisas que o Senhor detesta. (Provérbios 17.15)

> Todavia, se o descrente decide separar-se, que se separe. Em tais casos, o cônjuge crente não fica debaixo de servidão; Deus nos chamou para vivermos em paz. (1Coríntios 7.15)

> Peço, irmãos, que tomem cuidado com aqueles que causam divisões e põem obstáculos ao ensino que vocês aprenderam; afastem-se deles. (Romanos 16.17)

Então, o que fazemos com a dor que tudo isso nos causa? Vamos falar sobre isso no capítulo seguinte. E há uma maneira de dizer adeus sem cortar completamente alguém da nossa vida? Em alguns casos sim, e também falaremos sobre isso.

Mas, por agora, vamos nos concentrar em por que devemos fazer o que provavelmente temos evitado fazer por muito tempo. Apenas para ter mais paz? Apenas para não ficarmos amargas? Apenas para não sermos levadas a endossar atividades e comportamentos com os quais não concordamos? Trata-se apenas de uma forma de conter o dano e começar a cura? Todas essas questões são verdadeiras.

No entanto, há um fator realmente importante. Lembra-se da minha casa e de como a demoli até a fundação para reformá-la, de modo que funcionasse melhor e fosse reconstruída mais forte e mais bonita? A casa já ficou pronta. Os destroços deixaram de existir. As imperfeições deixaram de existir. O caos deixou de existir.

Quando entro no meu espaço agora, ele me parece totalmente vivo. E é assim que eu quero me sentir também.

Como disse o pai da igreja do século II, Irineu: "A glória de Deus é o ser humano plenamente vivo"[5]. É verdade que Jesus disse: "Se alguém quiser vir após mim, negue-se a si mesmo, tome diariamente a sua cruz e siga-me" (Lucas 9.23). Mas, quando aplicamos este versículo de forma rígida, sem as qualificações do restante das Escrituras, ele nos leva ao oposto do que Deus pretende. Devemos morrer para o pecado que habita em nós. "Não somos chamados por Deus para morrer para os aspectos 'bons' de quem somos. Deus nunca nos pediu para morrer para os desejos e prazeres saudáveis da vida, como a amizade, a alegria, a arte, a música, a beleza, a recreação, o riso e a natureza".[6]

Então, com isso, exalo a minha tristeza. E, pela primeira vez em muito tempo, ouso inalar a coragem que sei que Deus certamente

---

5. Citação original de Irineu de Lyon: "Irenæus Against Heresies", em **The Apostolic Fathers with Justin Martyr and Irenaeus**, ed. Alexander Roberts, James Donaldson, and A. Cleveland Coxe, **The Ante-Nicene Fathers**, vol. 1. Buffalo, NY: Christian Literature Company, 1885, p. 490. Estamos seguindo a tradução latina de Julie Canlis, Calvin's Ladder: **A Spiritual Theology of Ascent and Ascension**. Grand Rapids, MI: Eerdmans, 2010. p. 250.

6. Scazzero, Peter. **Emotionally Healthy Spirituality: It's Impossible to Be Spiritually Mature While Remaining Emotionally Immature**. Grand Rapids, MI: Zondervan, 2017. p. 26.

me dará. Abro a minha porta da frente e cruzo a minha entrada antiga com novas possibilidades de ser eu mesma: saudável, inteira e plenamente viva.

Uma nota do Jim sobre despedidas

Há uma grande diferença entre esperar por um ponto de ruptura e estabelecer um ponto de ruptura. Uma despedida não deve nos pegar de surpresa, pois, se definirmos limites com consequências, os pontos de ruptura são estabelecidos com antecedência. À medida que ocorrerem violações de limites, haverá mudanças no relacionamento para que você possa se proteger de padrões e comportamentos tóxicos que não está mais disposta a tolerar.

Estabelecer um ponto de ruptura pode, às vezes, ser um limite que ajuda o relacionamento a permanecer saudável. Isso esclarece as questões nebulosas sobre o que é e o que não é permitido entre você e a outra pessoa. Essa clareza tornará a necessidade de uma despedida muito mais óbvia para ambas as partes.

É útil pensar sobre limites e pontos de ruptura quando estamos em um espaço mental não emocional e não conflituoso. Lembre-se: como discutimos antes, é importante nos prepararmos em tempos de segurança para tempos de insegurança. É importante nos prepararmos em tempos de saúde para tempos de disfunção. Então, observe as perguntas a seguir para identificar o que é um ponto de ruptura:

- O que estou disposta a aceitar?
- Qual é e qual não é um comportamento aceitável?
- Quais são os pontos de ruptura que me levariam de um lugar de saúde para um de toxicidade?

É hora de aplicar o que aprendemos...

RECORDE:

- O trauma não é apenas algo que acontece com você. É algo que acontece dentro de você.
- Ao pensar em um relacionamento que passou de difícil a destrutivo, não podemos apenas considerar os fatos; devemos considerar o impacto também.
- Quando pessoas próximas a nós agem de forma descontrolada, corremos um enorme risco de perder o autocontrole.
- Procurar entender um possível adeus não é permissão para sair de cena ou jogar a toalha. É um caminho de dor e aceitação de uma das realidades mais difíceis que enfrentaremos: um relacionamento insustentável.
- Se queremos recuperação e cura, seria sábio fazer uma pausa ou, possivelmente, romper com quem nos fere.
- Não queremos violar a Palavra de Deus nos nossos esforços para mantê-la.

RECEBA:

Quem vive segundo a carne aspira ao que a carne deseja, mas quem vive de acordo com o Espírito aspira ao que o Espírito deseja. A aspiração da carne conduz à morte, mas a do Espírito conduz à vida e à paz. (Romanos 8.5-6)

[...] naquilo que depender de vocês, vivam em paz com todos os homens. (Romanos 12.18)

Saiba que, nos últimos dias, sobrevirão tempos difíceis. Isso porque os homens serão amantes de si mesmos, apegados ao dinheiro, arrogantes, orgulhosos, blasfemos, desobedientes aos pais, ingratos, ímpios, insensíveis, irreconciliáveis, caluniadores, sem domínio próprio, cruéis, inimigos do bem, traidores, impetuosos, soberbos, mais amantes dos prazeres do que amantes de Deus; embora tenham aparência de piedade, negam o seu poder. Afaste-se destes também. (2Timóteo 3.1-5)

Peço, irmãos, que tomem cuidado com aqueles que causam divisões e põem obstáculos ao ensino que vocês aprenderam; afastem-se deles. (Romanos 16.17)

REFLITA:

- Existe na sua vida algum relacionamento que se beneficiaria da sua aceitação da realidade? O que isso poderia mudar para você?
- Como a frase seguinte se aplica à sua vida agora: "Se a paz não é possível nas circunstâncias atuais de um relacionamento, devemos nos esforçar para encontrar paz com essa pessoa, mudando as circunstâncias ou mudando o relacionamento"?
- De que forma você interpretou mal o que significa negar a si mesmo, tomar a sua cruz diariamente e seguir Jesus (Lucas 9.23)?

ORAÇÃO:

Deus, às vezes é realmente difícil aceitar coisas que não posso mudar. Mas estou muito confiante na sua perfeita capacidade de ser Deus. O Senhor é o único que pode trazer mudanças reais à minha vida. À medida que oro por alguns ajustes de relacionamento que talvez deva fazer, incluindo despedidas, rogo para que me dê discernimento e sabedoria divina ao tomar quaisquer decisões. Mostre-me em quem posso confiar para tentar entender algumas dessas coisas. Obrigada pelo seu amor e fidelidade intermináveis comigo. Sei que o Senhor nunca me abandonará. Em nome de Jesus, amém.

Capítulo 12

Um milhão de pequenos funerais

É possível dizer adeus sem cortar completamente a pessoa da minha vida? É possível que eu apenas faça uma pausa para um período de cura, mas não rompa completamente os laços com ela? Existe uma maneira de recuperar a paz com essa pessoa, mesmo que eu ainda não concorde com ela, não aprove suas escolhas ou não entenda a forma como ela escolheu levar a própria vida? E se esse for um relacionamento difícil, mas não destrutivo? E se eu simplesmente não estiver pronta para dizer adeus, mas quero reduzir o acesso emocional que essa pessoa tem a mim? E se ela ainda não for sensível aos meus sentimentos, me decepcionar constantemente ou não corresponder aos sonhos que sempre tive para nós, mas não estiver me causando danos, que possibilidades de mudança existem?

Essas são as perguntas que você pode ter em relação a alguns dos seus relacionamentos, especialmente se não for possível reduzir o acesso físico de alguém a você.

Vamos pensar nisso da seguinte forma: você já falou ao telefone com alguém na hora do jantar que estava do outro lado do mundo? A conversa acontece em tempo real. Contudo, a sua situação nesse exato momento parece totalmente diferente da vida da outra pessoa. Você já chegou em casa do trabalho, assistiu ao pôr do sol, jantou e começou a relaxar durante a noite. Enquanto isso, o seu interlocutor está apenas se preparando para mais uma reunião no trabalho, o sol está brilhando como sempre e o almoço acabou de acontecer.

Que diferença faz para alguém cujo relógio marca 19h30 e outro cujo relógio marca 16h30?

Vocês estão vivendo no mesmo dia, mas em dois lugares totalmente diferentes. E mesmo que quisessem estar ao telefone juntas assistindo ao pôr do sol, isso não seria possível, a menos que a pessoa viajasse na sua direção ou você viajasse na direção dela. Se nenhuma de vocês puder fazer isso, então talvez seja necessário abrir mão de assistir ao pôr do sol ao mesmo tempo. Isso não faz nenhuma de vocês serem pessoas ruins, apenas significa que não estão no mesmo lugar.

Isso se aplica ao lugar em que vivemos. Mas também se aplica às diferenças relacionais de como vivemos.

Como falamos antes, às vezes há uma lacuna que expõe essas diferenças relacionais e as torna muito mais óbvias. À medida que você avança na vida, se estiver comprometida em desenvolver humildade, crescer em maturidade espiritual, manter-se emocional e fisicamente saudável e gerenciar os seus relacionamentos de forma mais sábia, verá essas lacunas se ampliando cada vez mais entre onde você está e onde algumas das pessoas ao seu redor estão. Se outros se recusaram a ir à terapia, à medida que você aprende maneiras mais saudáveis de processar o que enfrenta, é natural que conversas não saudáveis comecem a parecer estranhas e desconfortáveis. Quando você busca orientação na Palavra de Deus, aqueles que olham para outro lugar não se sentirão tão centrados. E, à medida que você faz o bom trabalho de perdoar, aqueles que ainda guardam ressentimentos a frustrarão.

É tão difícil reconhecer o que *é* quando se tenta persistentemente fazer alguém seguir para o que *poderia ser*. Você vê isso claramente. São 19h30 para você. Mas ainda são apenas 16h30 para a outra pessoa. E, a menos que você consiga alterar o universo e domar o sol, simplesmente não conseguirá alinhar a sua visão com a visão do outro.

E é bem provável que isso faça você chorar. Não porque a outra pessoa está perdendo o pôr do sol, mas porque ambas perderão o que poderia ter sido. Tudo parecerá não ter mais sentido.

Parece não ter sentido quando o seu pai biológico não a valoriza ou não tem o desejo de protegê-la como você vê os pais dos seus amigos fazendo por eles. Você sonhou em ter conversas com ele em que sabe que ele faria qualquer coisa por você. Em vez disso, ele age apressado, como se você fosse um incômodo.

Será muito doloroso quando você chegar ao ponto de temer ataques verbais de sua mãe, avó ou até mesmo um amigo próximo se pensar ou fizer algo diferente do que a pessoa gostaria. Você quer que essa pessoa seja uma fonte de sabedoria para você. Mas, em vez disso, precisa evitar compartilhar pensamentos vulneráveis com ela ou correr o risco de ser esmagada por suas opiniões e expectativas irreais.

Eu entendo. Quando eu fico querendo e esperando por tanto tempo que alguém diga algo que nunca disse ou faça algo que nunca fez, decido aceitar que talvez essa pessoa nunca o fará.

E eu sobrevivi. Eu sobrevivi muito bem.

Deixei a tristeza entrar naquele espaço vazio. E a mesma tristeza que passei anos evitando realmente me ajudou a seguir em frente. Eu pensava que apenas uma pessoa em particular poderia preencher o meu vazio de desejos não atendidos. Mas, quando deixei a tristeza entrar, o que estava entorpecido por tanto tempo se tornou vivo em ondas de honestidade:

Ele nunca me protegeu de verdade.

Ela nunca me escutou de verdade.

A tristeza me fez enfrentar a decepção e perceber que ela não aconteceu porque eu queria que coisas mortas voltassem à vida. Continuei chorando porque os meus desejos básicos nunca haviam recebido vida.

Eu não tinha expectativas épicas. Eram coisas normais das quais os relacionamentos saudáveis precisam para sobreviver. Eu queria me sentir segura. Queria me sentir ouvida. Queria acreditar que o que a pessoa estava dizendo era realmente verdade. E queria saber que os outros tinham os meus melhores interesses em mente, assim como eu tinha os dela.

Precisei aceitar o fato de que amava essas pessoas pelo que eu achava que elas seriam como cônjuges, familiares, amigas ou colegas de trabalho, em vez de quem elas realmente eram. Eu amava a ideia de que elas me queriam bem, mas, na verdade, não gostava da forma que me tratavam. Eu tinha esperanças nessas pessoas e nesses relacionamentos, mas elas não pensavam da mesma forma. Acho que todos podemos formar imagens na nossa mente sobre os papéis que outras pessoas desempenham na nossa vida. Mas é totalmente inútil apontar o dedo para elas e tentar fazê-las mudar. E, quanto mais fazemos isso, mais perdemos a oportunidade de conhecer e reconhecer quem elas realmente são.

Eu nunca conseguiria estabelecer limites adequados com essas pessoas enquanto mantivesse a minha versão inventada delas. O problema não era que elas não conheciam a minha visão sobre elas. O verdadeiro problema era que eu me recusei a vê-las como elas realmente eram.

A tristeza me ajudou a entender a morte que estava diante de mim. Precisei deixar de lado aquela imagem mental à qual me agarrei e chorei, olhei e me irritei. Precisei parar de convidá-las para o jantar esperando que aparecessem e fossem como a versão que eu desejava delas, pois eu seria esmagada mais uma vez por suas palavras e ações indiferentes. Elas nunca tiveram essa revelação ao passar o molho de carne pelo centro da mesa decorada com flores silvestres. Nunca, jamais.

Ao lavar a louça mais tarde sozinha, nada havia além de frieza, vazio e frustração ao perceber que, ao arrumar a mesa naquela noite, mais uma vez eu havia me preparado para a tristeza. A tristeza continuava batendo à minha porta. E, quando finalmente a deixei entrar, tudo ficou um pouco mais claro e eu soube o que deveria fazer. Precisei passar a imagem irrealista dessa pessoa e desse relacionamento pela chama da tristeza. E planejar um funeral.

Às vezes, esses funerais levam a relacionamentos renovados. Quando as expectativas anteriores desaparecem, finalmente podemos ver quem a outra pessoa realmente é. Talvez não seja tudo o que esperávamos, mas há algo de que podemos gostar. Um novo começo.

Às vezes, esses funerais levarão a uma pausa temporária. Você e a outra pessoa não se comunicam nem se veem por um tempo, mas finalmente voltam a se encontrar e há uma chance de reconstruir lentamente o relacionamento após um período seguro de separação.

Outras vezes, eles levarão o relacionamento a um adeus definitivo e para sempre. Um fim.

Eu gostaria de poder lhe dar uma fórmula para que você pudesse calcular se será saudável ou sábio se reconectar com essa pessoa. É possível que eu tenha procurado no Google se tal fórmula existe. Não consegui encontrar uma.

Em vez disso, tentei abordar cada situação com suas próprias dinâmicas únicas e dar uma recomendação saudável sobre o que fazer usando a sabedoria que aprendi na Palavra de Deus, conselhos confiáveis e o discernimento do Espírito Santo. Pode parecer complicado. Nem sempre acertamos. E, para uma garota que segue regras como eu, essa é uma dura realidade a aceitar a longo prazo. Só quero saber a coisa certa a fazer e quero que o fato de fazer a coisa certa leve a uma felicidade previsível.

Então, estou precisando fazer as pazes com o fato de que não existe uma fórmula para calcular o destino de um relacionamento. Haverá alguns relacionamentos renovados. Haverá algumas pausas temporárias. E haverá algumas despedidas para sempre. Mas o que é consistente em cada um desses cenários? A dor.

É bem provável que você chore em um grau maior ou menor conforme a direção que cada relacionamento tenso tomar.

Amo profundamente. Então, costumo me machucar da mesma forma. E a única maneira que conheço para marcar onde a dor termina e a cura começa é com um funeral.

Não tenho certeza de quantos funerais como este já planejei. Mas, só para continuar me obrigando a fazê-los, digo a mim mesma que haverá milhões de pequenos funerais na minha vida aos quais ninguém mais comparecerá. E provavelmente será assim na sua vida também. E ninguém vai lhe mandar uma coroa de flores e condolências. Há funerais nas manhãs de terça-feira e nas noites de sexta-feira e funerais após o trabalho às 19h30, durante o pôr do sol.

A única maneira
que conheço para
marcar onde a dor
termina e a cura começa
é com um funeral.

Há funerais que acontecem enquanto você escova os dentes, ou serve uma xícara de café, ou faz aquela viagem que poderia realizar de olhos fechados. Não é algo complicado, longo ou encapsulado em um discurso perfeitamente elaborado.

É incrivelmente básico. E, para mim, é incrivelmente útil.

Observe como ocorre um desses funerais para mim:

1. Reconheço que não há saída.
2. Declaro em voz alta o que me decepciona tanto e como toda a situação parece injusta. Vejo como algo bom clamar a Deus. Desabafo com ele porque ele sabe lidar com a minha honestidade, o meu medo, a minha raiva e a minha devastação absoluta expressas em sua forma mais crua.
3. Dou-me permissão para chorar quantas lágrimas forem necessárias.
4. Então, desapego da imagem que criei para aquela pessoa. Essa imagem de quem eu queria que ela fosse não é a realidade. Essa imagem não é a realidade. Essa imagem não é a realidade.
5. Reconheço que a pessoa não está disposta ou é incapaz de fazer o que tanto desejo para ela e para o nosso relacionamento. Mas o meu desejo não se alinha com o desejo dela. Portanto, não é realista neste momento.
6. Libero a pessoa para ser responsável por sua vida, assim como sou responsável pela minha vida.
7. Permito-me um tempo para me sentir triste e experimentar o luto.
8. Digo em voz alta o que estou liberando. "Estou escolhendo deixar ir ________________" (por exemplo, ressentimento, raiva, amargura).
9. Digo em voz alta o que isso agora me permitirá receber. "Estou escolhendo receber ________________" (por exemplo, alegria, esperança, um futuro melhor).
10. Comprometo-me a estabelecer e manter limites saudáveis para mim mesma.
11. E farei outro funeral sobre isso amanhã, se necessário.

Somos impotentes para impedir que o luto aconteça. Ele nos visitará de várias formas e por muitos motivos diferentes. Mas o ponto comum de toda dor é a decepção e a tristeza que a acompanham. Choramos pelo que deixará de acontecer. E, ainda mais, choramos pelo que a imperfeição e o pecado fizeram a todas nós. Todas contribuímos para as razões pelas quais há tanta dor neste mundo. Todas ferimos os outros. Todas falhamos em cumprir os papéis e responsabilidades que carregamos. Todas causamos dor. Todas carregamos dor.

Mas a boa notícia é que não precisamos ser consumidas pela nossa dor.

Isaías 53.2-6 é muito reconfortante, pois lembro que não carrego toda essa dor sozinha. Jesus carregou nossa dor, tanto a dor que causamos quanto a dor que suportamos. E ele nos proporciona cura e esperança para. Gosto de como Eugene Peterson personaliza o que Jesus fez nesta paráfrase dessa passagem:

> O servo cresceu diante de Deus — uma muda mirrada, uma planta atrofiada num campo ressecado. Não havia nada de atraente nele, nada que nos levasse a olhá-lo com atenção. Ele foi desprezado e ignorado, um homem que sofreu, que conheceu a dor por experiência própria. Bastava olhar para ele, e as pessoas se afastavam. Nós olhamos para ele com desprezo, pensamos que era escória. Mas o fato é que ele levou nossas doenças, nossas deformidades, tudo que há de errado em nós. Pensamos que ele era culpado de tudo isso, que Deus o estava castigando por sua culpa. Mas foram nossos pecados que caíram sobre ele, que o feriram, dilaceraram e esmagaram — nossos pecados! Ele recebeu o castigo, e isso nos restaurou. Por meio das feridas dele, somos curados. Somos como ovelhas que se desviaram e se perderam. Cada um de nós fez o que quis, cada um escolheu um caminho próprio. E sobre ele o Eterno descarregou todos os nossos pecados, tudo que fizemos de errado. (*A Mensagem*)

Então, a última parte do meu funeral é levar tudo a Jesus. A dor. O sofrimento. Os anseios não atendidos. O meu pecado contra a pessoa. O pecado da pessoa contra mim. A minha necessidade de perdão. E o perdão que preciso oferecer. Peço a Jesus que fique entre onde estou e onde anseio estar. Dou a ele o que agora sei que não será, e peço que ele traga sua plenitude para o meu vazio.

E apenas deixo fluir.

Se eu precisar chorar, choro.

Se eu precisar escrever, escrevo.

Se eu precisar colocar tudo no papel e rasgar em centenas de pedaços, faço isso.

Se eu precisar conversar tudo isso com o meu conselheiro ou um amigo, pego o telefone.

Mas uma coisa que não faço é voltar a fingir e viver em negação. Aceitei essa dor. Tive o momento exato de aceitar o que é e o que não é. E é desse lugar de aceitação que avançarei para a cura.

Eu estava tentando entender tudo isso com a minha amiga Madi, que está aprendendo a ter seus próprios milhões de pequenos funerais, todos apontando para resultados diferentes. Certa noite, estávamos sentadas na entrada de casa bebendo cidra de maçã. Este era um dos itens em sua lista de desejos do outono. (Nota para mim mesma, preciso de algumas listas sazonais na minha vida.) Madi disse: "O que está por vir tem que ser melhor do que o que ficou para trás. Deus não vai me levar a um lugar pior do que onde já estive". Então, ela se questionou "Isso é realmente verdade?".

Tomei outro gole e continuei pensando nessa pergunta. Na manhã seguinte, respondi: "Acho que a resposta para a sua pergunta é sim e não. Não, porque Deus pode permitir e provavelmente permitirá mais dificuldades à frente. Sim, porque tudo o que você já enfrentou na sua vida a fortaleceu para enfrentar o que está por vir com mais resiliência e a certeza de que Deus cuidará de tudo e trabalhará o bem a partir daí (2Coríntios 4.17-18). Você não é mais aquela garota insegura e vulnerável de dez anos atrás. Você permitiu que o que enfrentou a fortalecesse em vez de te enfraquecê-la. Você é mais sábia. Tem mais discernimento. Tem mais certeza de como ficar perto de Deus. Então, irá com Deus mais prontamente e verá sua bondade à frente mais rapidamente. Comece a ter os seus funerais, momentos marcados com um desfecho, e você verá. Este a preparará melhor para o próximo. E aquele para o que vier depois".

Isso é verdade para Madi. É verdade para mim. E é verdade para você também, amiga. À medida que lidamos melhor com a tristeza, logo receberemos os nossos amanhãs com um pouco mais de cura e muito mais vida.

> "Esqueçam o que se foi;
> não vivam no passado.
> Vejam, eu farei uma coisa nova!
> Ela está prestes a acontecer! Vocês não a percebem?
> Até no deserto vou abrir um caminho
> e riachos no ermo. (Isaías 43.18-19)

À medida que lidamos melhor com as tristezas, logo receberemos os nossos amanhãs com um pouco mais de cura e muito mais vida.

Uma nota do Jim sobre o processo de luto

Passar pelo processo de luto e ter funerais em relacionamentos é difícil, mas saudável e benéfico por muitas razões, incluindo as seguintes:

1. Ajuda a ter um desfecho. Lidar com a perda de um relacionamento é uma experiência pessoal e não depende da outra pessoa.
2. Permite liberar o que foi real, o que não foi real e o que nunca voltará a ser o mesmo.

3. Cria um espaço para sentir a perda de investir muitos anos da sua vida em um relacionamento que não evoluiu como você queria, nem durou uma vida inteira como você esperava.
4. Permite que você finalmente se liberte da imagem que fez da outra pessoa, mas também considere quem você era com essa pessoa. Isso cria uma oportunidade para fazer algumas perguntas internas, como: "O que deixei passar que deveria ter sido um sinal de alerta?". "O que tolerei por tempo demais?". "Quais partes de mim perdi que quero recuperar?".
5. Ajuda você a chegar a um lugar melhor antes que novas camadas e ondas de luto cheguem. Por exemplo, enfrentar a realidade de que o cônjuge de quem você se divorciou ou o amigo de quem você se afastou pode ser validado e até celebrado por outros como uma ótima pessoa, mesmo que essa não tenha sido a sua experiência.
6. Ajuda a garantir que você comece a se curar, porque o que você não resolver, acabará sendo externalizado. O luto não resolvido transbordará, ou às vezes até explodirá, sobre outras pessoas – os nossos filhos, familiares, amigos – e pode até contribuir para problemas de saúde mental a longo prazo.

É hora de aplicar o que aprendemos...

RECORDE:

- Quando amamos profundamente, costumamos nos machucar da mesma forma.
- A única maneira que conheço para marcar onde a dor termina e a cura começa é com um funeral.
- Somos impotentes para impedir que o luto aconteça. Ele nos visitará de várias formas e por muitos motivos diferentes.
- À medida que lidamos melhor com a tristeza, logo receberemos os nossos amanhãs com um pouco mais de cura e muito mais vida.

RECEBA:

Pois os nossos sofrimentos leves e momentâneos produzem para nós uma glória eterna que pesa mais do que todos eles. Assim, fixamos os olhos não naquilo que se vê, mas no que não se vê, pois o que se vê é transitório, mas o que não se vê é eterno. (2Coríntios 4.17-18)

Ele recebeu o castigo, e isso nos restaurou. Por meio das feridas dele, somos curados. (Isaías 53.5, *a Mensagem*)

REFLITA:

- Há uma pessoa específica que vem à sua mente quando você pensar em deixar de lado a ideia que tinha dela? De que funeral ou momento específico de conclusão você precisa para ajudá-la a lidar com o luto?
- De que maneiras pode ver esse processo de aprendizado sobre como lidar com o luto ajudar em circunstâncias e relacionamentos da sua vida?

ORAÇÃO:

Pai Celestial, por favor, conforte o meu coração em meio a toda a dor que estou sentindo. Ajude-me com os "pequenos funerais" que devo fazer e apresentar a Senhor em oração. Do outro lado da dor e da cura, oro por uma alegria sobrenatural. Sei que a história que o Senhor está escrevendo para a minha vida é muito melhor do que qualquer história que eu poderia escrever para mim mesma. Sei que o Senhor ainda tem coisas boas reservadas para a minha vida e os meus relacionamentos. Quando as minhas circunstâncias forem incertas e imprevisíveis, declararei a minha absoluta confiança no Senhor acima de tudo. Em nome de Jesus, amém.

Conclusão

Uma Bíblia, uma aliança e um Deus que nunca nos abandona

Não posso acreditar que estamos chegando às páginas finais deste livro. Estou feliz por termos caminhado lado a lado por essa mensagem. Acho que descobrimos juntas que os limites não são a solução rápida que talvez esperássemos para alguns dos nossos relacionamentos mais desafiadores. As pessoas são complicadas. Nós somos complicadas. Portanto, é claro que os relacionamentos serão complicados. Mas a comunicação e a consistência que limites saudáveis proporcionam trazem clareza sobre o que fazer quando disfunções tóxicas estão presentes.

Os limites continuarão sendo desafiadores? Sim. Mas pelo menos sabemos o que fazer, mesmo que às vezes ainda seja difícil. A pior parte da disfunção nos relacionamentos é a sensação de desesperança e impotência que muitas de nós temos experimentado por anos.

Saber o que fazer com relacionamentos desafiadores é o maior presente que descobrimos neste livro. Estou mais convencida do que nunca de que os limites saudáveis funcionam. Quando estabelecidos de forma apropriada e mantidos de forma consistente, os limites realmente ajudam a nos manter seguras e a manter saudáveis os nossos relacionamentos.

Durante a escrita deste livro, estabeleci alguns limites saudáveis e, como resultado, tive relacionamentos realmente importantes que se transformaram e se tornaram mais saudáveis e revigorantes tanto para mim quanto para aqueles a quem amo. Estou maravilhada e agradecida. Há uma liberdade para desfrutar desses relacionamentos agora, sem as hesitações e armadilhas que costumavam criar tanta confusão e dor.

Um desses relacionamentos que vem à minha mente é uma amiga próxima que tem uma personalidade forte e pode falar com grande intensidade. Às vezes isso me ajuda. Outras vezes, me irrita. E, às vezes, a minha abordagem mais suave e menos direta a frustra. Mas, à medida que passamos por períodos de fracassos nos limites estabelecidos uma com a outra, aprendemos como é importante nos lembrar de três coisas: comunicar os limites necessários, lembrar uma à outra desses limites (especialmente quando uma de nós fica muito relaxada em respeitá-los) e não transformar tudo em um grande problema. Às vezes precisamos ter uma conversa. Outras vezes, só precisamos de um lembrete sobre por que esses parâmetros são importantes. E, em última análise, damos graça uma à outra e seguimos em frente. Acho que tudo isso provou que o nosso relacionamento é duradouro.

No passado, sem limites, eu provavelmente teria me afastado dessa pessoa porque não sabia como lidar com a força com que ela diz ou faz as coisas. Mas agora, com limites, tenho as ferramentas necessárias para proteger as minhas vulnerabilidades sem criticar constantemente as forças dela. A nossa amizade se tornou mais rica por causa dos limites. E, à medida que navegamos pelas nossas diferenças de maneiras saudáveis, estamos nos tornando melhores por causa do trabalho que fazemos juntas.

Mas, durante a escrita deste livro, também precisei dizer um adeus que nunca quis dizer. Um adeus que alguns dias ainda me parece difícil de acreditar. Um adeus que foi irritante e muito confuso. E, ainda assim, também foi muito necessário.

Quando estabelecidos de forma apropriada e mantidos de forma consistente, os limites realmente ajudam a nos manter seguras e a manter saudáveis os nossos relacionamentos.

Talvez você tenha experimentado tanto a beleza dos limites saudáveis quanto a realidade devastadora de um adeus nesse momento da sua vida também. Espero que você tenha se sentido menos sozinha porque encontrou este livro. Às vezes, o que me ajuda a passar pelas partes mais difíceis da minha vida é saber que não sou a única a enfrentar algo assim.

Talvez você se sinta solitária, mas não está sozinha. E, embora eu não possa ver o seu rosto agora, eu a imaginei enquanto escrevia cada uma dessas palavras, o que me ajudou a não me sentir sozinha também. Fiquei tão grata e confortada em saber que você estava aqui e que este livro uniria as nossas jornadas. Portanto, assim como espero que você tenha sido ajudada, eu também fui ajudada.

Quando você ler isso, um ano terá se passado desde o momento que estou prestes a compartilhar. Mas hoje, para mim, é a ruptura e o avanço mais recente de todo esse processo.

Esta semana, dois e-mails chegaram à minha caixa de entrada com poucas horas de diferença. Um era a “Palavra do Dia”. Sendo uma garota que trabalha com palavras, que procura entender a vida escrevendo palavras e ama aprender novas palavras, gosto desse e-mail diário. Na maioria das vezes, nunca ouvi falar da palavra e não tenho ideia do que significa. Mas, naquele dia, a palavra era *pungente*, evocando um forte senso de tristeza ou arrependimento. Ela vem do verbo latino *pungere*, que significa "ferir ou picar".[1]

Eu conhecia aquela palavra. Havia vivido com um profundo sentimento de tristeza por anos devido à ruptura do meu casamento, o meu relacionamento humano mais importante. A dor era profunda. O choque das coisas que nunca pensei que aconteceriam se desenrolava diante de mim e dos meus filhos, e era quase insuportável. A esperança de que as coisas melhorassem era quase boa demais para ser verdade. E então a devastação de perceber que o relacionamento era irreconciliável me deixou com centenas de perguntas sem resposta e um travesseiro encharcado de lágrimas.

O próximo e-mail foi do meu advogado. Eram os papéis do divórcio.

Foi absolutamente um momento que "picou e feriu". Acho que foi pungente. Outro golpe na parte mais profunda do meu coração.

Eu estava enfrentando o fim do que prometi que seria para sempre. Mas não poderia ser a única a manter aqueles votos sagrados e ter um casamento que honrasse a Deus. Muitas pessoas me perguntaram por que permaneci e lutei tanto pelo meu casamento. Havia razões honrosas. Mas também havia razões tóxicas. Precisei fazer o longo trabalho terapêutico de deixar de ser inconscientemente uma salvadora codependente que, no final, percebeu como eram inúteis os meus esforços diante do vício e de escolhas que não eram minhas.

Mas, embora eu tivesse boas intenções com a minha graça e amor, finalmente precisei deixar ir e trabalhar questões que *eram* minhas. A coisa mais honrosa a fazer era confiar em Deus para ser o meu Salvador, ser corajosa o suficiente para entregar cada parte disso a ele e deixar os próximos capítulos da minha história se desenrolarem.

Separei-me do meu marido e esperei mais um ano inteiro para ver o que Deus faria. Parei de intervir. Parei de tentar sugerir a próxima coisa que eu esperava que ajudasse. Parei de fazer sugestões a Deus. E parei de me sentir impotente. Permiti que as consequências naturais acontecessem.

---

1. Word Guru, email newsletter, wordguru.co.

Pensei que seria o ano mais aterrorizante da minha vida. Mas percebi que era, na verdade, menos aterrorizante remover as minhas mãos da situação, aceitar a realidade e deixar Deus fazer o que só ele pode fazer. A maior fonte do meu sofrimento era a minha recusa em aceitar o que eu não poderia mudar.

Perto do final daquele ano, houve vislumbres de uma possível reversão, mas então as coisas ficaram drasticamente piores, não melhores. A minha amiga Laci chamou isso de "o fim amargo". A última parte de uma longa jornada em que eu deveria lutar para não deixar me afetar por toda a amargura que veio na minha direção. Já havia sido roubado o bastante de mim.

Algumas semanas antes de eu entrar com o pedido de divórcio, recebi um presente que me deixou absolutamente atônita.

Uma garota chamada Julie, com quem estudei na faculdade e não via há trinta anos, encontrou a minha Bíblia de infância em uma caixa de livros antigos que ela havia guardado após a formatura. Ela sabia que alguns membros da minha família trabalhavam em um restaurante local e, como agora morávamos na mesma cidade, entregou a minha Bíblia com uma nota muito gentil. Por fim, a Bíblia chegou à minha filha, que a trouxe para mim. Ela disse: "Mãe, a lombada da Bíblia está danificada, então quando você a abrir, ela simplesmente cairá aberta naquele lugar que você destacou um versículo de todos aqueles anos atrás. E você não vai acreditar em qual é o versículo".

Era Efésios 5.3-7:

> Entre vocês não deve haver nem sequer menção de imoralidade sexual, nem de nenhuma espécie de impureza ou de cobiça, pois essas coisas não são próprias para os santos. Não haja obscenidade, nem conversas tolas, nem piadas indecentes, que não são apropriadas, mas, em vez disso, ações de graças. Porque vocês podem estar certos de que nenhum imoral, ou impuro, ou ganancioso, que é idólatra, tem herança no reino de Cristo e de Deus. Ninguém os engane com palavras vazias, pois é por causa dessas coisas que a ira de Deus vem sobre os filhos da desobediência. Portanto, não se associem com eles.

Perto do versículo, escrevi na minha caligrafia de adolescente algumas anotações que se aplicavam muito ao que eu vinha enfrentando com o divórcio. Nós duas trocamos olhares de confiança, sabendo que aquela era a confirmação da decisão mais difícil que já tomei na vida.

Mais tarde, quando contei essa história ao meu conselheiro e lhe mostrei a Bíblia, ele ficou tão impressionado quanto eu. Ele disse: "Frequentemente faço os meus clientes escreverem histórias como adultos falando com seu 'eu' mais jovem. Nunca tive um momento em que uma criança escreveu algo que chegou décadas depois como a instrução perfeita para si mesma como adulta".

Não que eu precisasse disso para ter coragem de dar os próximos passos que eu sabia que deveria tomar. Era que Deus se importava o suficiente para garantir que eu sentisse seu conforto enquanto caminhava os passos finais dessa jornada muito longa e profundamente triste.

Novamente, foi pungente. Mas dessa vez não foi uma dor aguda, foi mais como um lembrete terno de que a redenção ainda pode ser a minha história, mesmo que não seja da forma que eu pensava que seria.

Uma semana depois de receber a minha Bíblia de volta, eu estava em outra longa sessão com Jim, tentando entender essa história e compartilhando como foi difícil ver os papéis do divórcio. Ele esteve comigo e com a minha família durante quase todas as partes dessa tragédia que virou tudo de cabeça para baixo repetidas vezes e deixou a todos nós marcados. Tantas vezes, eu disse a Jim: "Não sei quanto mais posso suportar". Ele sempre respondia: "Lysa, toda mulher tem um ponto de ruptura. Há um ponto sem retorno. Quando você chegar ao fim, saberá".

Isso levou anos.

Acho que tentarei entender a realidade saudável e a toxicidade dessa experiência por anos a fio. Mas houve um momento em que eu soube. Literalmente senti algo romper dentro de mim. Quis conversar sobre isso com Jim porque estava preocupada que essa ruptura reduzisse a minha capacidade de amar e confiar plenamente nas outras pessoas importantes da minha vida: os meus filhos, os meus amigos,

Nossa história não
se resumirá ao que
nos machuca.

as pessoas ao lado de quem exerço ministério. Essa ruptura agora significava que eu estava quebrada?

Sem hesitar, Jim disse: "Lysa, não acho que esse foi o momento da sua ruptura. Acredito que esse foi o momento da sua cura".

Uau! Eu precisava disso.

Mais tarde naquela noite, passei pela porta de entrada da minha casa sabendo, com mais certeza do que nunca, que conseguiria.

Fui até o armário e abri a gaveta em que guardo as minhas joias. Tirei da mão esquerda a minha aliança de casamento. Segurei-a na mão, fechei os olhos e finalmente soube o que fazer com ela. Coloquei a aliança de casamento dentro da minha Bíblia de infância. Era como se aqueles dois objetos fossem as extremidades da minha vida. Uma garotinha que sonhava com uma vida que seria dela, e a mulher adulta que eu havia me tornado. Dois períodos diferentes carregados dentro do meu coração, entrelaçados com o fio comum de confiar em um Deus que me ama infinitamente (mesmo com as minhas imperfeições) e me acompanha todos os dias.

A maior alegria da vida não é quando tudo dá certo como esperávamos. É quando experimentamos o Deus do universo fazendo uma pausa para nos alcançar e nos lembrar de que não estamos sozinhas. Nossa história não se resumirá ao que nos machuca. E este mundo quebrado não é nosso destino final. Com Deus, há muito mais.

O segredo é não se perder na dor, nem achar que tudo parece tão injusto, ou ficar paralisada pelos próprios erros ao longo do caminho. Fechei os olhos e deixei mais algumas lágrimas caírem. Novamente, sussurrei: "Adeus, adeus, que Deus esteja com você, adeus". E coloquei a Bíblia e a aliança em uma caixa alta na prateleira do armário, ao lado de algumas fotos e cartões que marcam tanto as realidades pungentes quanto as coisas mais preciosas da vida.

Sabedoria para consultar quando os nossos limites são questionados

Ao viver um relacionamento difícil por muito tempo, podemos achar que perdemos a base e que o lugar seguro para o qual retornamos após correr por um longo dia não está mais lá. Você não tem certeza se está correndo de alguém ou para alguém, porque o relacionamento parece uma mistura confusa de ambas as coisas.

Você teve uma visão clara do potencial da outra pessoa. Você a ama. E uma parte de você sente que seria impossível deixar de lado o que há de bom nela. E talvez agora seja diferente, quer dizer, e se você desistir bem quando as coisas finalmente forem melhorar?

O que você tanto esperou, desejou, orou e trabalhou arduamente parece estar logo à frente. Se você estabelecer um limite e fizer uma mudança agora, pode perder o momento épico em que o potencial dessa pessoa se alinhará com a realidade.

Mas você sabe que isso não é verdade. Lembra-se? A base segura não está ali. Você sabe disso porque, na próxima vez em que se machucar, e sempre haverá uma próxima vez, não saberá para onde correr. Para essa pessoa? Para longe dela? E assim a vida seguirá em círculos de disfunção.

E a pior parte de tudo isso é que você se sente culpada por querer fazer mudanças. Na verdade, você se sente horrível. E não é apenas por causa do que lhe disseram. As declarações mais dolorosas são as que você diz a si mesma porque é uma mulher que deseja desesperadamente fazer a coisa certa. E sabe que as coisas certas são informadas pela verdade bíblica. Então, você tem a sensação de que simplesmente não é certo fazer mudanças em um relacionamento se essas mudanças vão causar algum tipo de dificuldade para a outra pessoa. É mais fácil lidar com a dor infligida a nós do que com a dor que poderíamos potencialmente causar a outra pessoa se estabelecermos um limite.

Portanto, você continua tentando. Continua carregando um peso que não é seu. Continua sofrendo as consequências das escolhas de outra pessoa. Continua dizendo sim. Continua cedendo e apenas orando para não chegar ao esgotamento absoluto. Talvez seja necessária apenas mais uma dose de graça extra de sua parte. Talvez, só mais uma vez, você deva resgatar essa pessoa. Talvez, só mais uma vez, seja preciso olhar para o outro lado, e de repente ela mudará de direção e trará a base de volta para você.

Você sabe que não é assim que as coisas funcionam. Mas quer acreditar que talvez, só desta vez, seja diferente. Talvez você seja a heroína. Talvez a pessoa seja a exceção. Talvez ela mude.

Você faz declarações que acredita serem verdadeiras e as prega a si mesma como um grito de guerra. E então encharca o travesseiro mais uma vez porque sabe que não pode continuar fazendo isso.

Não tenho certeza por que escrevi tudo isso como se fosse você. Quando, na verdade, sou eu. Às vezes, esses pensamentos estão na minha mente por causa do que outras pessoas me disseram ou me acusaram quando tentei estabelecer limites para chegar a um lugar mais saudável. Observe algumas declarações que passam pela minha cabeça:

- *Quanto mais faço pelas outras pessoas, mais cristã sou.*
- *É sinal de maturidade espiritual colocar as necessidades dos outros na frente das minhas.*
- *Se eu souber de uma necessidade, é o meu dever moral atendê-la.*
- *Se alguém me machuca, me prejudica ou se aproveita de mim, em vez de enfrentar isso diretamente, devo apenas controlar os meus sentimentos e enxergar a situação como uma oportunidade de ser mais parecida com Cristo.*

Existem boas intenções em cada uma dessas declarações. E, à primeira vista, muitas dessas formas de pensar têm um nobre sentido de autossacrifício e caráter cristão. Elas até insinuam de forma tão próxima alguns versículos bíblicos bem conhecidos que parecem a maneira certa de reagir. Certamente, é exatamente isso o que Jesus demonstrou quando entregou sua vida pelos outros, certo?! Então, vamos segurar as nossas pulseiras WWJD[1] sem verificar essas suposições humanas em relação ao verdadeiro significado das Escrituras que visam nos salvar, nos libertar e nos ensinar a ter relacionamentos saudáveis com os outros.

Fiz uma enquete com alguns dos meus amigos nas redes sociais para ver quais versículos eram mais difíceis de interpretar em relação a limites e despedidas, ou quais haviam sido usados como armas contra eles diante de tentativas de estabelecer diretrizes claras para um relacionamento. Vamos examinar como podemos ter interpretado mal alguns desses versículos, o que eles realmente significam e como podemos responder se tivermos uma conversa com alguém que questiona os nossos limites usando as Escrituras de forma inadequada.

MATEUS 5.39

Mas eu digo: não resistam ao perverso. Se alguém o ferir na face direita, ofereça-lhe também a outra.

1. Pulseiras religiosas com a abreviatura de *What Would Jesus Do?* [O que Jesus faria]? [N. do. T.]

Veja como este versículo tem sido mal-interpretado:

Uma boa cristã sempre ignora as ofensas e, quando maltratada, deixa para lá e não aborda a questão.

Veja o que este versículo realmente significa:

Este versículo fala sobre um princípio importante do que fazer quando alguém lhe faz mal. Jesus não pretende que coloquemos à prova os limites do exemplo, mas sim que adotemos os princípios do exemplo. Isso significa que não estamos dispostas a responder a uma ofensa com outra ofensa, e sim a demonstrar maturidade.

Isso pode ser tão simples quanto se afastar de uma conversa acalorada sem atacar ou retaliar a outra pessoa. Ao manter a calma, permanecemos no controle, mesmo quando a outra pessoa está agindo de forma descontrolada. Agindo assim, demonstramos que a outra pessoa não tem o poder de nos fazer trocar a nossa dignidade por uma resposta barata.

No mundo antigo, levar um tapa na face era uma ofensa direcionada à dignidade de uma pessoa. O que Jesus pretende em Mateus 5.39 é nos lembrar de que, quando a nossa dignidade é violada, não devemos validar o abuso fazendo a mesma coisa que a outra pessoa fez conosco. Ela já nos feriu. Mas nos fere em dobro quando permitimos que o comportamento errado dessa pessoa nos transforme em alguém que não somos. Este versículo de forma alguma perpetua ou acolhe comportamentos abusivos dos outros. Ele simplesmente diz que, se alguém faz algo doloroso para nós, não reagiremos de maneiras que intencionalmente machuquem a pessoa de volta. Dessa forma, estamos declarando com a nossa resposta que o abuso não é aceitável e, portanto, não será tolerado ou demonstrado por nós.

Se alguém usar este versículo contra você quando você precisar comunicar um limite, veja como responder de forma gentil e confiante:

Agradeço muito por você trazer à luz esse versículo das Escrituras. É crucial usarmos a verdade de Deus para nos guiar e direcionar, especialmente quando não vemos as coisas da mesma maneira.

O que esse versículo realmente ensina é o seguinte: Não retalie nem ataque quando alguém nos ofende ou nos prejudica. Jesus não quer que nos rebaixemos ao nível de rebater o mal com o mal. Estou tão agradecida que Jesus nunca ensina que o abuso de qualquer tipo deve ser tolerado ou perpetuado. Estou estabelecendo um limite para que possa me manter segura e evitar que o meu coração fique tão ferido na nossa situação que eu reaja de forma negativa. Como o meu coração é motivado pelo amor e pela saúde, é isso o que quero evidenciar nas minhas ações.

FILIPENSES 2.3-4

Nada façam por ambição egoísta ou por vaidade, mas humildemente considerem os outros superiores a vocês mesmos, cuidando, cada um, não somente dos próprios interesses, mas também dos interesses dos outros.

Veja como estes versículos têm sido mal-interpretados:

É egoísta ter e expressar as suas próprias necessidades pessoais. Cuidar dos interesses dos outros sem se preocupar com os próprios interesses é o que demonstra humildade e agrada a Deus.

Veja o que este versículo realmente significa:

A chave para este versículo é a palavra *humildemente*. O que significa ter um tipo de humildade que valoriza os outros? O que não significa? Não significa que desconsideramos as nossas necessidades e limitações. Significa entender corretamente que apenas Deus é ilimitado em sua capacidade de dar e cuidar dos outros. Nós, como seres humanos, somos limitadas. Reconhecer isso não é egoísta. Na verdade, é honrar o fato de que há um Deus, mas você não é ele. Portanto, não devemos nos deixar esgotar emocionalmente, falir financeiramente, desgastar fisicamente ou ficar frustradas em um relacionamento a ponto de não termos nada para oferecer e para cuidar dos outros.

Outra palavra em que devemos prestar atenção aqui é *interesses*. Isso nos alerta a avaliar se estamos fazendo algo apenas para alimentar o nosso orgulho, superar outras pessoas ou parecer melhores do que os outros. O que mantém isso sob controle é garantir que não estamos ignorando as necessidades dos outros por causa da nossa própria ambição ou vaidade. Mas, com humildade e honestidade, estamos simplesmente reconhecendo o que é e o que não é realista para nós.

Essa escritura nos convida a cuidar e a considerar as necessidades dos outros, mantendo e assumindo a responsabilidade pelas nossas próprias necessidades. Este é mais um aviso para que não elevemos as nossas necessidades a um nível que comprometa a vontade de Deus para nós e como ele deseja que vivamos em relacionamento com outros cristãos.

Se alguém usar este versículo contra você quando você precisar comunicar um limite, veja responder de forma gentil e confiante:

Uma das minhas maiores alegrias é torcer por aqueles que amo e apoiar seus esforços. Ao mesmo tempo, sou responsável por não estourar o meu orçamento, assim não posso continuar a dar dinheiro a você. De forma alguma isso indica que não me importo; é claro que me importo. Só precisarei mostrar o meu cuidado e apoio de uma maneira diferente.

JOÃO 15.13

Ninguém tem maior amor do que aquele que dá a própria vida pelos seus amigos.

Veja como este versículo tem sido mal-interpretado:

O maior ato de amor que você poderia demonstrar é dar a sua própria vida pelo bem dos outros, mesmo que isso seja em detrimento do seu próprio bem-estar.

Veja o que este versículo realmente significa:

Lembre-se: Jesus literalmente deu sua gloriosa vida uma vez e foi por um propósito elevado e sagrado. Jesus não deu sua vida para habilitar o mal, perpetuar comportamentos ímpios ou irresponsáveis, ou tentar manter os outros felizes.

Quando Jesus faz esta afirmação, ele está falando dentro de um contexto em que a amizade no mundo antigo era verdadeiramente valorizada e buscada. Este tipo de amizade "envolve o compartilhamento de confidências e posses".[2] O amor expresso e experimentado entre amigos é algo belo e não deve ser desconsiderado ou ignorado. Na nossa vida cotidiana, devemos querer compartilhar e, dentro do razoável, nos doar aos nossos entes queridos e amigos. Contudo, devemos ter em mente a seguinte advertência: podemos ser um recurso para eles quando necessário, mas não devemos nos tornar a fonte que os sustenta.

Essa instrução não diz tanto sobre a nossa disposição de literalmente perder a nossa vida ou sacrificar as nossas necessidades a ponto de nos prejudicar. Em vez disso, Jesus nos lembra de ter um espírito disposto a mostrar e estender um tipo de amor que é honroso e disposto a se autossacrificar quando necessário.

Se alguém usar este versículo contra você quando você precisar comunicar um limite, veja como responder de forma gentil e confiante:

Concordo que Jesus nos ensina a ecoar seu espírito em honra e disposição a nos autossacrificarmos quando e se necessário. Estou disposta a ser um recurso para você quando necessário, mas não é realista que eu me torne a fonte que a sustenta. E também não é realista ou bíblico que eu assuma a responsabilidade de resgatá-la das consequências de escolhas que você fez e das quais eu não fiz parte.

O meu maior desejo é ser uma doadora alegre, como Deus diz que ama que sejamos, então me mostro intencionalmente cautelosa

---

2. Kruse, Colin G. John: **An Introduction and Commentary**, 2nd ed. Eckhard J. Schnabel, Tyndale New Testament Commentaries 4. London: InterVarsity Press, 2017. p. 371.

para não perpetuar nada que não se alinhe com a minha definição do que é bom e certo. Por favor, saiba que não estou julgando ou criticando você; estou apenas sendo fiel em apoiar apenas o que é certo e saudável. E nós duas nos beneficiaremos se eu for honesta com você sobre o que posso e o que não posso fazer. Isso ajudará a prevenir ressentimentos latentes e a tensão estranha que pode rapidamente corroer os relacionamentos. Não quero tentar controlar nem mudar você. Quero amar você e permanecer em um lugar saudável o suficiente para que possa estar autenticamente ao seu lado tanto quanto puder.

GÁLATAS 6.2, 5

Levem os fardos uns dos outros e, assim, cumpram a lei de Cristo... cada um deverá carregar a própria carga.

Veja como esses versículos têm sido mal-interpretados:

Não importa o custo, é bíblico intervir e carregar o fardo de outra pessoa. É nosso dever e obrigação cristã ajudar os outros a carregarem seus fardos pesados quando estão lutando e necessitados – seja em termos emocionais, financeiros, espirituais ou de outras maneiras também.

Veja o que esses versículos realmente significam:

Devemos prestar atenção em duas palavras-chave nesses versículos: *fardos* e *carga*. Às vezes, podemos pensar que é obrigação nossa nos envolver em uma *troca* de fardos com as pessoas com quem nos relacionamos. Em outras palavras, sentimos a pressão de pensar que faz parte do nosso papel e responsabilidade assumir e carregar o fardo dos outros. Em vez disso, precisamos andar ao lado dessas pessoas, simpatizando com sua dor e fazendo o que pudermos para ajudar a aliviar o fardo que foi imposto a elas.

Mas pode haver uma nuance que estamos negligenciando, especialmente porque o versículo 5 ensina que cada um deve carregar sua própria carga. Há uma diferença entre ajudar alguém a suportar o peso de um fardo que lhe foi imposto (versículo 2) e a carga referida no versículo 5. A carga de alguém pode ser o fardo de suas responsabilidades diárias ou as consequências de escolhas ruins que essa pessoa fez.

"Em Gálatas 6.2, o cristão é chamado a 'levar os fardos' dos outros, no sentido de simpatizar com os demais em suas dificuldades. Aqui (Gálatas 6.5) ele é informado de que deve 'levar sua própria carga', no sentido de que deve responder diretamente a Deus por suas próprias ações. Sua responsabilidade não pode ser transferida para os outros».[3]

Se alguém usar este versículo contra você quando você precisar comunicar um limite, veja como responder de forma gentil e confiante:

Adoro ajudar e amo você, então é claro que quero auxiliar a aliviar o estresse que você sente por achar que assumiu coisas demais este ano. Reconheço que é difícil ser a presidente de arrecadação de fundos da escola este ano enquanto você tem tantas outras coisas em mente. Embora eu não possa ser *a solução* e assumir esse papel por você, estou feliz em oferecer *algumas soluções* que sejam realistas dentro dos meus compromissos. Há duas coisas que posso fazer para ajudar você: ____________________ e ____________________. Apenas não consigo carregar o peso da arrecadação de fundos inteira.

1CORÍNTIOS 13.5

[O amor] não maltrata, não procura os próprios interesses, não se ira, não guarda rancor.

Veja como este versículo tem sido mal-interpretado:

Para manter uma postura de amor e perdão, devemos optar por esquecer os padrões de comportamento tóxicos, as escolhas

3. **Ellicott's Commentary for English Readers**, s.v. "Gálatas 6:5", Bible Hub. Disponível em: https://biblehub.com/galatians/6-5.htm. Acesso em: 26 fev. 2025.

destrutivas que alguém está fazendo ou fez, e as interações dolorosas ou prejudiciais que ocorreram com essa pessoa.

Veja o que este versículo realmente significa:

Este versículo tem mais a ver com "anotar" ou "nos ater" às coisas que foram feitas contra nós. Não está nos dizendo para esquecermos ou ignorarmos cegamente ações das quais ainda estamos sofrendo as consequências. Embora possamos perdoar o que aconteceu, pode ser crucial discutir e tentar entender o impacto que essas ações tiveram em nós para o bem da cura. Uma boa pergunta a fazer a nós mesmas é a seguinte: Estou trazendo algo do passado para machucar alguém ou para curar o que fizeram comigo de modo que possamos seguir em frente?

Queremos ter certeza de que não permitimos que questões passadas sejam levantadas consistentemente ou usadas contra a outra pessoa de maneira cruel. A frase "[o amor] não guarda rancor" no grego original também pode ser interpretada como assumir o melhor das pessoas, a menos que, ao fazer isso, você comece a aceitar ou perpetuar ações tóxicas delas. Em outras palavras, não leve a vida sempre assumindo ou esperando o pior das pessoas, mas preste atenção na realidade. Um estudioso do Novo Testamento resume isso dizendo que não devemos contemplar o mal nos outros.[4] Em vez disso, devemos usar sabedoria e discernimento para saber corretamente quando estamos seguras para dar novamente acesso a alguém que nos feriu e quando devemos exercer a cautela apropriada. Lembre-se: Deus nos diz para perdoar, mas a reconciliação depende da disposição de alguém em não continuar a nos fazer mal. O nosso objetivo não deve ser guardar a dor que essa pessoa causou para que possamos usá-la como uma arma contra ela mais tarde. Deve ser compartilhar um testemunho do que passamos um dia, focando menos no que aconteceu e muito mais na sabedoria que adquirimos ao longo do caminho e que pode ajudar os outros.

---

4. Ciampa, Roy E.; Rosner, Brian S. **The First Letter to the Corinthians**, Pillar New Testament Commentary. Grand Rapids, MI: William B. Eerdmans Publishing, 2010. p. 647.

Se alguém usar este versículo contra você quando você precisar comunicar um limite, veja como responder de forma gentil e confiante:

Você sabia que, para cada ferida feita a nós, há tanto o fato do que aconteceu quanto o impacto que essas ações nos custaram emocional, física ou financeiramente? Por favor, saiba que, por obediência a Deus, tomei a decisão de perdoá-la pelo que aconteceu. E, ao mesmo tempo, estou tentando entender o impacto que tudo isso teve em mim. Ao tentar entender o que aconteceu, não faço um registro de ofensas para usar contra você. Apenas uso o impacto da dor para chegar à cura. Portanto, esses limites que estou estabelecendo não são uma violação das Escrituras, mas sim uma verificação de que estou fazendo o trabalho necessário que a cura adequada exige.

1 PEDRO 3.1-2, 5-6

> Do mesmo modo, mulheres, cada uma de vocês esteja sujeita a seu marido, para que, mesmo se ele rejeitar a palavra, seja ganho sem palavras, pela conduta da esposa, ao observar a conduta pura e respeitosa de vocês...
>
> Pois era assim que também costumavam adornar-se as santas mulheres do passado, cuja esperança estava em Deus. Elas se sujeitavam, cada uma, a seu marido, como Sara, que obedecia a Abraão ao chamá-lo "senhor". Vocês serão filhas dela se praticarem o bem e não derem lugar ao medo.

Veja como estes versículos têm sido mal-interpretados:

Uma esposa deve sempre obedecer aos desejos, necessidades e orientações de seu marido, mesmo que isso seja prejudicial, manipulativo, desdenhoso, disfuncional, controlador ou viole as instruções de Deus sobre o casamento. Para manter um casamento bíblico e piedoso, os desejos e necessidades da mulher devem vir em segundo lugar em relação aos desejos do homem.

Veja o que este versículo realmente significa:

Parte do processo de interpretar versículos bíblicos e aplicá-los envolve ler os versículos dentro do contexto bíblico mais amplo. Isso é vital nesta situação. Primeiro, precisamos ler sobre submissão dentro do contexto da nova identidade que temos em Cristo. Em Gálatas 3.28, Paulo diz que não há mais distinções de identidade ou separação humana que desvalorizem uma pessoa. Não há judeu nem grego, homem nem mulher. Tanto o homem quanto a mulher dependem mutuamente um do outro (1Coríntios 11.11). Isso significa que devemos entender a submissão por uma lente de igual dignidade humana. A submissão que leva a comportamentos indignos ou degradantes é inaceitável. A conselheira cristã Leslie Vernick expressa essa ideia da seguinte forma: "Deus não é um Deus que ama mais os homens do que as mulheres ou mais os maridos do que as esposas. Ele não é um valentão, nem sanciona os comportamentos do opressor sobre o oprimido. Ele se preocupa com os fracos, com os desfavorecidos, com os maltratados e os oprimidos (Salmos 9.9; 34.18; 146.7)".[5]

Assim, quando Pedro pede às mulheres para "se submeterem" a seus maridos, está reconhecendo uma situação cultural antiga em que a esposa seria obrigada, por meio do casamento, a se submeter ao marido, o que significaria adotar a religião dele. Mas, para a mulher cristã, seria um grande problema, além de algo impossível, se o marido não seguisse a Deus.

Essas mulheres que entregaram sua lealdade a Jesus estavam em uma situação difícil, pois não podiam se submeter e adotar as crenças religiosas de seus maridos sem desonrar o verdadeiro Deus. Portanto, como não podiam abraçar as crenças e práticas religiosas de seus maridos, precisavam encontrar outras maneiras de honrar a Deus com suas ações em relação a eles. É um convite para considerar as melhores maneiras de honrar a Deus e ser um testemunho para um cônjuge. Mas, novamente, a submissão não é uma licença nem

---

5. Vernick, Leslie. "How Do I Heal and What Do I Do About My Marriage?", **Leslie Vernick: Relationship Truth Unfiltered**, Jul 21, 2021. Disponível em: https:/leslievernick.com/how-do-i-heal-and-what-do-i-do-about-my-marriage/. Acesso em: 26 fev. 2025.

um convite para aceitar e suportar ações degradantes, prejudiciais ou humilhantes contra nós. A submissão nunca deve desumanizar uma mulher, mas sempre manter a dignidade e o valor que Deus atribui às mulheres. E a submissão não deve elevar o homem como superior à mulher, mas sempre fazê-lo ter um coração de servo ao submeter seu coração diariamente a Deus.

Se alguém usar este versículo contra você quando você precisar comunicar um limite, veja como responder de forma gentil e confiante:

Estou comprometida em cumprir com o que é honroso, pois, acima de tudo, o meu coração pertence a Deus. Portanto, quero que suas palavras sejam as que iluminam, pois este limite é biblicamente correto e pessoalmente necessário. A submissão que leva a comportamentos indignos ou degradantes é inaceitável (Gálatas 3.28, 1Coríntios 11.11). Hebreus 13.4 diz: "O casamento deve ser honrado por todos, e o leito conjugal, conservado puro, pois Deus julgará os imorais e os adúlteros". Não é direito meu julgar os outros, mas é responsabilidade minha proteger-me de ser degradada, enganada e devastada por suas escolhas. As suas ações não estão alinhadas com a pureza referida na verdade de Deus.

Ultimamente, a sua versão da verdade não tem se alinhado com os fatos. Isso não é uma acusação contra você, e não se baseia em suposições ou opiniões. Baseia-se nas suas ações e no que realmente vem acontecendo. Portanto, este limite precisará estar em vigor até que eu possa verificar que é seguro confiar em você novamente e que honrar a pureza da nossa relação não é apenas um compromisso meu, mas seu também.

UMA ÚLTIMA COISA A OBSERVAR

Esses versículos são apenas um ponto de partida ao analisarmos a verdade que as Escrituras revelam para aplicarmos nos nossos relacionamentos. Por favor, acredite: Deus nunca, jamais, promove ou tolera abuso ou maus-tratos. Ponto. A Palavra de Deus é vida, uma lâmpada para os nossos pés, mostrando-nos o próximo passo a dar em seu amor abundante, correção e proteção. Lembre-se: a Palavra de Deus às vezes nos convence. Não queremos ignorar sua exortação para pensar ou agir de maneira diferente. Mas algo que devemos ter em mente é o seguinte: há uma diferença entre sentir uma convicção que leve a Jesus em arrependimento e uma condenação que nos faça sentir que precisamos correr de Jesus envergonhados. A Palavra de Deus não deve ser usada como uma arma contra nós nem ser usada para nos intimidar ou nos envergonhar. Na verdade, a Palavra de Deus é projetada para nos curar. O texto de Salmos 107.20 diz: "Ele enviou a sua palavra e os curou; ele os livrou da morte". Se você sentir que um versículo está sendo usado contra você, reserve um tempo para realmente investigar o significado. Converse com uma amiga de confiança que conheça as Escrituras, tente entender o que o texto realmente diz com um conselheiro cristão, fale com o seu pastor, consulte comentários em que estudiosos da Bíblia confiáveis ajudam a desvendar versículos e seu contexto, e peça para o Senhor revelar sua intenção e seu coração por meio do poder do Espírito Santo com essas instruções. Finalmente, observe o princípio do versículo e veja como Jesus o aplicou ao se relacionar com outras pessoas.

Obtendo a ajuda de que você precisa

Queridas amigas,

Para algumas de vocês, este livro será exatamente aquilo de que precisavam para ajudar a lidar com uma situação difícil ou uma disfunção relacional. Mas, para outras, este livro pode ser o ponto de partida para a cura ou para o reconhecimento de que precisam se afastar de um relacionamento inseguro ou insustentável. Como não sou uma conselheira licenciada e este livro não substitui a terapia, saiba por favor que existem algumas realidades difíceis na vida para as quais você necessitará da ajuda de um conselheiro cristão licenciado. Seja honesta quanto à necessidade de ajuda profissional. Sou muito grata pelos profissionais que me ajudaram de forma amorosa a passar pelos meus dias mais sombrios. Sempre foi importante para mim que os conselheiros profissionais tivessem um relacionamento pessoal profundamente comprometido com Jesus e entendessem que a batalha ocorre tanto no âmbito físico quanto na esfera espiritual. Um ótimo recurso para encontrar um conselheiro cristão em sua área é a American Association of Christian Counselors [Associação Norte-Americana de Conselheiros Cristãos] no site aacc.net. Com conselheiros em todos os cinquenta estados, sua missão é conectar pessoas que sofrem com pessoas que ajudam.

Estou orando por vocês, queridas amigas.

Com muito amor,

Algumas notas importantes sobre abuso

O meu coração é muito sensível e compassivo em relação a qualquer pessoa que enfrente essa dura realidade. Quero fornecer esta informação tanto como um ponto de compaixão quanto de clareza sobre o que é abuso e como encontrar ajuda se você estiver em uma situação abusiva.

Em um artigo publicado pela **Psychology Today** [Psicologia hoje], encontrei a seguinte definição de abuso:

> O abuso dentro das famílias é comportamentalmente sutil e emocionalmente complexo. Está sempre dentro de uma dinâmica de poder e controle que perpetua o abuso emocional e físico. O abuso pode se manifestar como físico (*lançar coisas, empurrar, agarrar, bloquear caminhos, dar tapas, bater, arranhar, causar hematomas, queimaduras, cortes, feridas, ossos quebrados, fraturas, danos a órgãos, lesões permanentes ou até mesmo assassinato*), sexual (*flertar sugestivamente, propor algo, segurar, beijar, acariciar órgãos sexuais, forçar sexo oral ou qualquer tipo de atividade sexual forçada*) ou emocional (*negligência, assédio, constrangimento, ameaças,*

truques maliciosos, chantagem, punições injustas, tarefas cruéis ou degradantes, confinamento, abandono).[1]

Então, o que a Bíblia diz sobre o abuso e o que fazemos em relação ao perdão em situações como essa? Vamos olhar mais uma vez para o que Paulo escreveu a Timóteo:

> Saiba que, nos últimos dias, sobrevirão tempos difíceis. Isso porque os homens serão amantes de si mesmos, apegados ao dinheiro, arrogantes, orgulhosos, blasfemos, desobedientes aos pais, ingratos, ímpios, insensíveis, irreconciliáveis, caluniadores, sem domínio próprio, cruéis, inimigos do bem, traidores, impetuosos, soberbos, mais amantes dos prazeres do que amantes de Deus; embora tenham aparência de piedade, negam o seu poder. Afaste-se destes também. (2Timóteo 3.1-5)

Sou grata por versículos como estes, que afirmam claramente que devemos evitar pessoas abusivas. Mas a forma como isso acontece é algo muito complexo. É impossível aplicar uma fórmula ampla a relacionamentos difíceis. Existem muitos fatores que devem ser esclarecidos com pessoas capacitadas para reconhecer perigos e ajudar pessoas em situações abusivas a saber o que fazer e como fazer.

Veja alguns aspectos a considerar:

- É bom ter pessoas sábias que falem conosco e nos ajudem a entender as preocupações da vida com mentores piedosos e amigas de confiança. Observe uma excelente passagem bíblica para ajudar a discernir pessoas de sabedoria na sua vida:

  > Quem é sábio e tem entendimento entre vocês? Que o demonstre pelo seu bom procedimento e por meio de

---

1. Edwards, Blake Griffin. "Secret Dynamics of Emotional, Sexual, and Physical Abuse", **Psychology Today**, Feb 23, 2019. Disponível em: https://www.psychologytoday.com/us/blog/progress-notes/201902/secret-dynamics-emotional-sexual-and-physical-abuse. Acesso em: 26 fev. 2025.

> obras praticadas com a humildade que provém da sabedoria. Contudo, se vocês abrigam no coração inveja amarga e ambição egoísta, não se gloriem disso nem neguem a verdade. Esse tipo de "sabedoria" não vem do alto, mas é terrena, humana e demoníaca. Pois, onde há inveja e ambição egoísta, há confusão e toda espécie de males. No entanto, a sabedoria que vem do alto é, antes de tudo, pura; depois, pacífica, amável, compreensiva, cheia de misericórdia e de bons frutos, imparcial e sincera. O fruto da justiça é semeado em paz pelos pacificadores. (Tiago 3.13-18)

Esses amigos confiáveis e mentores piedosos que falam com sabedoria na nossa vida podem nos ajudar a reconhecer comportamentos que desrespeitam os limites e devem ser levados à consideração de um conselheiro profissional especializado nos problemas em questão ou, em situações mais urgentes, à atenção das autoridades.

Se você precisar encontrar um conselheiro cristão profissional em sua área, tanto o Focus on the Family [Foco na família] quanto a American Association of Christian Counselors (Associação Norte-Americana de Conselheiros Cristãos) têm recomendações em seus sites, ou a sua igreja pode ter uma lista de conselheiros cristãos de confiança.

Por favor, amiga, saiba que você é amada, não está sozinha e não precisa passar por isso sem ajuda. Lembre-se: a pessoa que a machuca precisa de ajuda que apenas profissionais capacitados podem oferecer. Envolver as autoridades adequadas não é agir sem amor... é, na verdade, agir pela sua segurança e pela segurança da outra pessoa.

Agradecimentos

Há tantas pessoas cujas impressões digitais podem ser encontradas ao longo destas páginas. Eu precisaria de mais um livro inteiro para agradecer adequadamente a cada uma delas... as pessoas que caminharam ao meu lado, oraram por mim, me ajudaram a entender esta mensagem e até mesmo compartilharam suas próprias experiências que foram incorporadas à escrita deste livro. Sou eternamente grata a vocês pela sua amizade e pela honra de compartilhar a vida com vocês.

À equipe que trabalhou ao meu lado dia após dia neste livro, mais do que me ajudar a acertar as palavras, vocês me ajudaram a viver a mensagem corretamente.

Tive resistência, vocês ofereceram segurança.

Tive dúvidas, vocês ofereceram confiança.

Tive tantas incertezas, vocês ofereceram acenos de cabeça e o entusiasmo de que este era o próximo livro a ser escrito.

Tive particípios soltos e tempos verbais estranhos, vocês ofereceram sabedoria editorial.

Tive erros de ortografia e metáforas confusas, vocês ofereceram emojis sorridentes com as suas correções.

Tive perguntas teológicas e terapêuticas, vocês ofereceram respostas bem fundamentadas.

Tive arquivos desorganizados, vocês ofereceram a beleza do Google.doc.

Tive momentos de branco total em que me perdi nos meus pensamentos, vocês ofereceram conversas, sugestões e as suas melhores ideias.

Amo vocês. Amo trabalhar com vocês, entender a vida em comunhão e honestidade sobre as nossas lutas enquanto estudamos e celebramos as nossas vitórias. E realmente amo que tenhamos encontrado o nosso caminho para esta mensagem e tenhamos trabalhado lado a lado.

Hope, Michael, Taylor

Meredith, Leah, Shae, Joel, Amanda, Madi, Kaley, Meghan, Tori, Alison, Kelsie, Micaela, Anna, Haley, Victoria, Melanie, Morgan, Claire

Barb, Glynnis, Lisa

Jim Cress

Janet, Janene, Mark, Tim, Erica, Don, MacKenzie, John, Meg, Emily

Candace, Mel, Lisa W.

E um agradecimento especial ao meu Grupo de Leitores Iniciais que leu a primeira versão deste manuscrito e me ajudou a transformá-lo em um livro que vale a pena ler.

Sobre a autora

Lysa TerKeurst é a presidente do Proverbs 31 Ministries e autora de mais de vinte e cinco livros, incluindo **It's Not Supposed to Be This Way** [Não era para ser assim] e os *bestsellers* do *New York Times* **Forgiving What You Can't Forget** [Perdoando o que você não pode esquecer] e **Uninvited** [Não convidada]. Mas para aqueles que a conhecem melhor, ela é apenas uma garota simples com uma Bíblia gasta que proclama esperança em meio a bons momentos e realidades de partir o coração.

Lysa vive com sua família em Charlotte, Carolina do Norte. Conecte-se com ela diariamente, veja no que ela está trabalhando agora e acompanhe sua agenda de palestras:

Site: www.LysaTerKeurst.com (Clique em «Eventos" para perguntar sobre a possibilidade de Lysa falar em seu evento).

Esta obra foi composta em *Calluna*
e impressa por Gráfica Promove sobre papel
Polen Bold 70 g/m² para Editora Vida.